Desafío a la conquista

Curso de la Especialidad Ministerio Juvenil

Iglesia del Nazareno

Región Mesoamérica

Milton Gay

Coordinador General de la Especialidad

Desafío a la conquista

Libro de la serie "Escuela de Liderazgo"
Especialidad Ministerio Juvenil

Coordinador General de la Especialidad: Milton Gay
Asistente: Odily Diaz

Autores:
Ronald Calvo (Lección 1)
Milton Gay (Lección 2)
Carlos Acosta (Lección 3)
Yadira Arriaza (Lección 4)
Yeri Nieto (Lección 5)
Esteban David Murillo Solano (Lección 6)
Dhariana Balbuena Bidó (Lección 7)
Josue Villatoro y Odily Díaz (Lección 8)

Edición: Dra. Mónica E. Mastronardi de Fernández
Revisor: Dr. Rubén E. Fernández

Material producido por EDUCACIÓN Y DESARROLLO PASTORAL de la Iglesia del Nazareno, Región Mesoamérica - www.edunaz.org
Dirección postal: Apdo. 3977 – 1000 San José, Costa Rica, América Central.
Teléfono (506) 2285-0432 / 0423 - Email: EL@mesoamericaregion.org

Publica y distribuye Asociación Región Mesoamérica
Av. 12 de Octubre Plaza Victoria Locales 5 y 6
Pueblo Nuevo Hato Pintado, Ciudad de Panamá
Tel. (507) 203-3541 - E-mail: literatura@mesoamericaregion.org

Copyright © 2017 - Derechos reservados
Queda prohibida la reproducción parcial o total, por cualquier medio, sin el permiso escrito de Educación y Desarrollo Pastoral de la Iglesia del Nazareno, Región Mesoamérica. www.mesoamericaregion.org

Todas las citas son tomadas de la Nueva Versión Internacional 1999 por la Sociedad Bíblica Internacional, a menos que se indique lo contrario.

Diseño de portada: Juan Manuel Fernández (www.juanfernandez.ga)

Imagen de portada por J. Hunter Sizemore
Utilizada con permiso (Creative Commons).
Imágenes interiores usadas con permiso (Creative Commons).

Índice de las lecciones

Lección 1	Una generación desafiante	9
Lección 2	Características del líder	19
Lección 3	Llamado a la conquista	29
Lección 4	El objeto de la conquista	37
Lección 5	Equipándonos para la conquista	45
Lección 6	Estrategias para el plan de conquista	53
Lección 7	Nuevas estrategias	61
Lección 8	Manteniendo resultados	69

Presentación

La serie de libros Escuela de Liderazgo ha sido diseñada con el propósito de proveer una herramienta a la iglesia para la formación, capacitación y entrenamiento de sus miembros a fin de integrarlos activamente en el servicio cristiano conforme a los dones y el llamado (vocación) que han recibido de su Señor.

Cada uno de los libros provee el material de estudio para un curso del programa Escuela de Liderazgo patrocinado por las Instituciones Teológicas de habla hispana de la Región Mesoamérica de la Iglesia del Nazareno. Éstas son: IBN (Cobán, Guatemala); STN (Ciudad de Guatemala); SENAMEX (Ciudad de México, México); SENDAS (San José, Costa Rica); SND (Santo Domingo, República Dominicana) y SETENAC (La Habana, Cuba). Un buen número de los y las líderes de estas instituciones (rectores, directores, vicerrectores y directores de estudios descentralizados) participaron activamente en el diseño del programa.

La Escuela de Liderazgo cuenta con cinco Cursos Básicos, comunes a todos los ministerios, y seis Cursos Especializados para cada ministerio, al final de los cuáles la Institución Teológica respectiva le otorga al estudiante un certificado (o diploma) en Ministerio Especializado.

El objetivo general de la Escuela de Liderazgo es: "Colaborar con la iglesia local en el equipamiento de los "santos para la obra del ministerio", cimentando en ellos un conocimiento bíblico teológico sólido y desarrollándolos en el ejercicio de sus dones para el servicio en su congregación local y en la sociedad." Los objetivos específicos de este programa son tres:

- Desarrollar los dones del ministerio de la congregación local.
- Multiplicar ministerios de servicio en la iglesia y la comunidad.
- Despertar la vocación al ministerio profesional diversificado.

El objetivo de esta Especialidad titulada "Ministerio Juvenil" es el de capacitar a los líderes emergentes, que desean participar en el cumplimiento de nuestra misión de "llamar a nuestra generación a una vida dinámica en Cristo". Las lecciones en estos seis libros han sido escritas por líderes juveniles con experiencia a lo largo de la región de Mesoamérica y es el deseo de los autores que cada estudiante reciba una visión enriquecida sobre la cultura juvenil, consejería, trabajo en equipo y otros temas de importancia. Deseamos que Dios sea glorificado a través de estos cursos y que cada estudiante crezca en su preparación, extendemos un agradecimiento especial a los licenciados Yeri Nieto, Josué Villatoro y Odily Díaz por su esfuerzo y dedicación en este proyecto.

Agradecemos a la Dra. Mónica Mastronardi de Fernández por su dedicación como Editora General del proyecto, a los Coordinadores Regionales de Ministerios y al equipo de escritores y diseñadores que colaboraron para la publicación de estos libros. Agradecemos de igual manera a los profesores y profesoras que compartirán estos materiales. Ellos y ellas harán la diferencia en las vidas de miles de personas a lo largo y ancho de Mesoamérica.

Finalmente, no podemos dejar de agradecer al Dr. Rubén Fernández, Coordinador de Educación y Desarrollo Pastoral por el impulso dado a la publicación de estos materiales, y al Dr. L. Carlos Sáenz, Director Regional MAR, por su respaldo permanente en esta tarea, fruto de su convicción de la necesidad prioritaria de una iglesia equipada de manera integral.

Oramos por la bendición de Dios para todos los discípulos y todas las discípulas cuyas vidas y servicio cristiano serán enriquecidos por estos libros.

Rev. Milton Gay
Coordinador de Juventud Nazarena Internacional
Región Mesoamérica

¿Qué es la Escuela de Liderazgo?

Escuela de Liderazgo es un programa de educación para laicos en las diferentes especialidades ministeriales para involucrarlos en la misión de la iglesia local. Este programa es administrado por las Instituciones Teológicas de la Iglesia del Nazareno en la Región Mesoamérica e impartido tanto en sus sedes como en las iglesias locales inscriptas.

¿Para quiénes es la Escuela de Liderazgo?

Para todos los miembros en plena comunión de las iglesias del nazareno quienes habiendo participado en los niveles B y C del programa de discipulado, desean de todo corazón descubrir sus dones y servir a Dios en su obra.

Plan ABCDE

Para contribuir a la formación integral de los miembros de sus iglesias, la Iglesia del Nazareno de la Región Mesoamérica ha adoptado el plan de discipulado ABCDE, y desde el año 2001 ha iniciado la publicación de materiales para cada uno de estos niveles. La Escuela de Liderazgo corresponde al Nivel D del plan de discipulado ABCDE y ha sido diseñada para aquellos que ya han pasado por los anteriores niveles de discipulado.

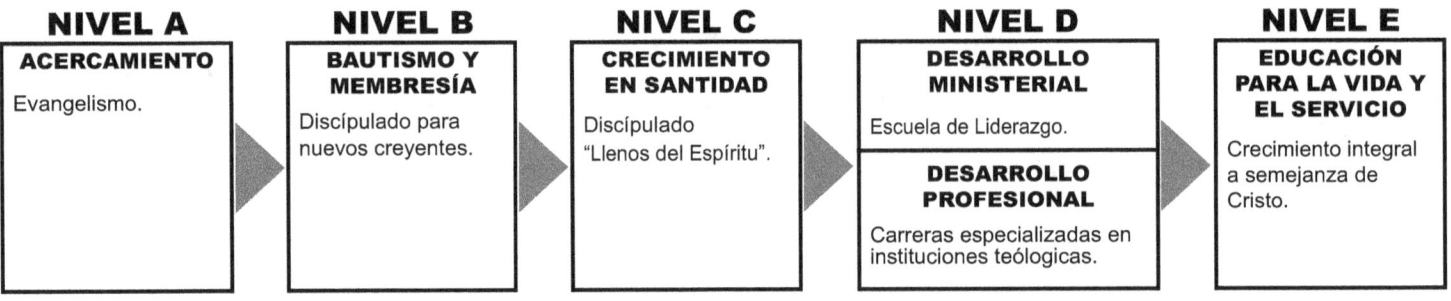

En la Iglesia del Nazareno creemos que hacer discípulos a imagen de Cristo en las naciones es el fundamento de la obra misional de la Iglesia y responsabilidad de su liderazgo (Efesios 4:7-16). La labor de discipulado es continua y dinámica, es decir el discípulo nunca deja de crecer a semejanza de su Señor. Este proceso de crecimiento, cuando es saludable, ocurre en todas dimensiones: en la dimensión individual (crecimiento espiritual), en la dimensión corporativa (incorporación a la congregación), en la dimensión santidad de vida (transformación progresiva de nuestro ser y hacer conforme al modelo de Jesucristo) y en la dimensión servicio (invertir la vida en el ministerio).

Dra. Mónica Mastronardi de Fernández
Editora General Libros de Escuela de Liderazgo

¿Cómo usar este libro?

Este libro que tiene en sus manos es para el curso introductorio: Descubriendo mi Vocación en Cristo, del programa Escuela de Liderazgo. El objetivo de este curso es ayudar a los miembros de las iglesias del Nazareno a descubrir sus dones y su llamado ministerial, y al mismo tiempo animarlos a matricularse en la Escuela de Liderazgo a fin de capacitarse para servir al Señor en su iglesia local.

¿Cómo están organizados los contenidos de este libro?

Cada una de las ocho lecciones de este libro contiene lo siguiente:

> **Objetivos:** estos son los objetivos de aprendizaje que se espera que el alumno alcance al terminar el estudio de la lección.

> **Ideas Principales:** Es un resumen de las enseñanzas claves de la lección.

> **Desarrollo de la lección:** Esta es la sección más extensa pues es el desarrollo de los contenidos de la lección. Estas lecciones se han escrito pensando en que el libro es el maestro, por lo que su contenido se expresa en forma dinámica, en lenguaje sencillo y conectado con las ideas del mundo contemporáneo.

> **Notas y comentarios:** Los cuadros al margen tienen el propósito de aclarar términos y proveer notas que complementan o amplían el contenido de la lección.

> **Preguntas:** En ocasiones se incluyen preguntas al margen que el profesor puede usar para introducir, aplicar o reforzar un tema de la lección.

> **¿Qué aprendimos?:** En un recuadro que aparece al final del desarrollo de la lección se provee un resumen breve de lo aprendido en la misma.

> **Actividades:** Esta es una página al final de cada lección que contiene actividades de aprendizaje individuales o grupales relativas al tema estudiado. El tiempo estimado para su realización en clase es de 20 minutos.

> **Evaluación final del curso:** Esta es una hoja inserta en la última página del libro y que una vez completada el alumno debe separar del libro y entregar a profesor del curso. La duración estimada para esta actividad de reforzamiento final es de 15 minutos.

¿Cuánto dura el curso?

Este libro ha sido diseñado para que el curso pueda enseñarse en diferentes modalidades:

<u>Como curso de 8 sesiones:</u>

En total se requieren 12 horas de clase presencial repartidas en 8 sesiones de 90 minutos. Los días y horarios serán coordinados por cada Institución Teológica y cada iglesia o centro local de estudios. Dentro de esta hora y media el profesor o la profesora debe incluir el tiempo para las actividades contenidas en el libro.

<u>Como taller de 3 sesiones:</u>

- Sesión plenaria de 90 minutos (lección 1).
- Seis talleres de 90 minutos cada uno. Los participantes asisten a uno de estos talleres conforme a sus dones más fuertes (lecciones 2 a 7).

- Última plenaria de 90 minutos (lección 8).

Ejemplo de cómo distribuir el tiempo para taller de un sábado:

Taller: Descubra su vocación en Cristo

8:00 am	Inscripción
8:30 a 10:00 am	Plenaria: Descubre tus dones espirituales
10:00 a 10:30 am	Receso
10:30 a 12:00 am	Talleres sobre Especialidades Ministeriales
12:00 a 1:00 pm	Almuerzo
1:00 a 2:30 pm	Plenaria ¿Cuál es mi función en el Cuerpo de Cristo?
2:30 a 3:00 pm	Receso
3:00 a 4:00 pm	Presentación de Escuela de Liderazgo y Prematrícula para Cursos Básicos

¿Cuál es el rol del alumno?

El alumno es responsable de:

1. Matricularse a tiempo en el curso.
2. Adquirir el libro y estudiar cada lección antes de la clase presencial.
3. Asistir puntualmente a las clases presenciales.
4. Participar en las actividades en clase.
5. Participar en la práctica ministerial en la iglesia local fuera de clase.
6. Completar la evaluación final y entregarla al profesor.

¿Cuál es el rol del profesor del curso?

Los profesores y las profesoras para los cursos de Escuela de Liderazgo son pastores/as y laicos comprometidos con la misión y ministerio de la Iglesia y de preferencia que cuentan con experiencia en el ministerio que enseñan. Ellos son invitados por el/la Director/a de Escuela de Liderazgo de la iglesia local (o Institución Teológica) y sus funciones son:

1. Prepararse con anterioridad estudiando el contenido del libro y programando el uso del tiempo en la clase. Al estudiar la lección debe tener a mano la Biblia y un diccionario. Aunque en las lecciones se usa un vocabulario sencillo, se recomienda "traducir" lo que se considere difícil de entender a los alumnos y alumnas, o sea, poner la lección en el lenguaje que ellos y ellas comprenden mejor.

2. Velar para que los/as alumnos/as estudien el material del libro y alcancen los objetivos de aprendizaje.

3. Planear y acompañar a los estudiantes en las actividades de práctica ministerial. Estas actividades deben programarse y calendarizarse junto al pastor local y el/la director/a del ministerio respectivo. Para estas actividades no debe descontarse tiempo a las clases presenciales.

4. Llevar al día la asistencia y las calificaciones en el formulario de Informe de clase. El promedio final será el resultado de lo demostrado por el/la estudiante en las siguientes actividades:

a. Trabajo en clase

b. Participación en la práctica ministerial fuera de clase.

c. Evaluación final

5. Recoger las hojas de "Evaluación", entregarlas junto al formulario "Informe de clase" al finalizar el curso al/ a la director/a de Escuela de Liderazgo local, esto después de evaluar, cerrar los promedios y verificar que todos los datos estén completos en el formulario.

6. Los profesores y las profesoras no deben agregar tareas de estudio o lecturas aparte del contenido del libro. Si deben ser creativos/as en el diseño de actividades de aprendizaje en clase y en planear actividades ministeriales fuera de clase conforme a la realidad de su iglesia local y su contexto.

¿Cómo enseñar una clase?

Se recomienda usar los 90 minutos de cada clase presencial de la siguiente manera:

- **5 minutos:** Enlace con el tema de la lección anterior y orar juntos.

- **30 minutos:** Repaso y discusión del desarrollo de la lección. Se recomienda usar un bosquejo impreso, pizarra o cartulina u otro disponible, usar dinámicas de aprendizaje y medios visuales como gráficos, dibujos, objetos, láminas, preguntas, asignar a los alumnos que presenten partes de la lección, etc. No se recomienda usar el discurso o que el maestro lea nuevamente el contenido de la lección.

- **5 minutos:** Receso ya sea en el medio de la clase o cuando sea conveniente hacer un corte.

- **20 minutos:** Trabajo en las actividades del libro. Esto puede realizarse al inicio, en el medio o al final del repaso, o bien se pueden ir completando actividades a medida que avanzan en los temas y conforme éstas se relacionan con los mismos.

- **20 minutos:** Discusión sobre la práctica ministerial que hicieron y que tendrán. Al inicio del curso se deberá presentar a los estudiantes el calendario de la práctica del curso para que ellos hagan los arreglos para poder asistir. En las clases donde se hable sobre la práctica que ya hicieron, la conversación debe ser dirigida para que los alumnos compartan lo que aprendieron; tanto de sus aciertos, como de sus errores, así como de las dificultades que se presentaron.

- **10 minutos:** Oración por los asuntos surgidos de la práctica (desafíos, personas, problemas, metas, agradecimiento por los resultados, entre otros).

¿Cómo hacer la evaluación final del curso?

Asigne 15 minutos de tiempo a los y las estudiantes en la última clase del curso. Si fuera necesario ellos y ellas pueden consultar sus libros y Biblias. Las evaluaciones finales se han diseñado para ser una actividad de reforzamiento de lo aprendido en el curso y no una repetición memorística de los contenidos del libro. Lo que se propone con esta evaluación es medir la comprensión y la valoración del estudiante hacia los temas tratados, su crecimiento espiritual, su progreso en el compromiso con la misión de la iglesia local y su avance en experiencia ministerial.

Actividades de práctica ministerial

Las siguientes son actividades sugeridas para la práctica ministerial fuera de clase. En la lista abajo se incluyen varias ideas para ayudar a los profesores, pastores, director de Escuela de Liderazgo local y directores locales de ministerio. De ellas se puede escoger las que más se adapten a la realidad contextual y el ministerio de la iglesia local o bien pueden ser reemplazadas por otras conforme a las necesidades y posibilidades.

Se recomienda tener no menos de tres actividades ministeriales por curso. Puede poner a toda la clase a trabajar en un mismo proyecto o asignar tareas en grupos según sus intereses, dones y habilidades. Es recomendable involucrar a los alumnos y alumnas en una variedad de experiencias ministeriales que sean nuevas para ellos y ellas.

Actividades ministeriales sugeridas para el curso Desafío a la Conquista

1. Realizar una investigación en datos estadísticos disponibles de organismos gubernamentales y/o instituciones sociales, para descubrir las características de los adolescentes y jóvenes en el contexto de la iglesia local.

2. Elaborar en equipo, instrumentos para encuestar y recabar datos acerca de intereses y preguntas que tienen los adolescentes y jóvenes que ya asisten al ministerio de jóvenes.

3. Hacer visitas a otras iglesias cristianas con fructíferos ministerios de jóvenes para informarse sobre la estrategia que implementan, e informar al resto de la clase (antes de estudiar la lección 6).

4. Investigar en el Internet y en literatura disponible sobre las características de las generaciones Z, X, Y con el fin de apreciar sus similitudes y diferencias. Compartir los resultados por medio de una presentación de Power Point para los jóvenes de la iglesia.

5. Organizar una actividad para jóvenes sobre el tema. "Llamados a conquistar a los jóvenes de la comunidad".

6. Diseñar un taller de sensibilización para padres y la congregación sobre las características y necesidades de los adolescentes y jóvenes de la generación Z.

7. Organizar una actividad que sea interesante para invitar a jóvenes de la comunidad e iniciar contactos y amistad con ellos y ellas.

8. Organizar una actividad para los tres grupos: adolescentes, jóvenes y jóvenes adultos de la iglesia para conversar sobre actividades a incluir en el programa anual que sean atractivas para ellos y ellas.

Lección 1

UNA GENERACIÓN DESAFIANTE

Objetivos

- Tomar conciencia de la necesidad de alcanzar a los jóvenes.
- Definir algunas características de la generación Z.
- Elaborar un perfil de los jóvenes de mi comunidad.

Ideas Principales

- La generación Z es una generación muy diferente a sus antecesoras.
- La juventud constituye el mayor grupo poblacional en nuestra sociedad.
- Ellos y ellas necesitan el amor compasivo de Cristo.

Introducción

Es motivo de gran gozo presenciar cuando algunas personas son llamadas a ser misioneros y aceptan el reto de ir a lugares lejanos y desconocidos. Algunos de estos sitios que nosotros sólo podemos conocer a través de fotos o videos en la televisión o en Internet. Estos hermanos y hermanas salen de su casa y de su cultura con el propósito de alcanzar para Cristo a aquellos que viven en tierras lejanas y que poseen una cultura y costumbres muy diferentes. Esto representa para los misioneros un esfuerzo impresionante, en especial cuando se trata de la ventana 10/40, zona de difícil penetración para el cristianismo, ubicada entre los grados 10 y 40 al norte de la línea del Ecuador del mapa mundial. Esta ventana es de difícil acceso no solo por la distancia geográfica y cultural, sino también por la realidad política y religiosa en que viven estos pueblos. ¡Indudablemente este llamado a las misiones transculturales es para valientes!

La ventana 10-40 o también conocida como "el cinturón resistente" se extiende desde el Oeste África al Este Asia, desde el grado diez hasta a el grado cuarenta al norte del Ecuador. En dicha región viven los más grandes grupos de Musulmanes, Hindúes, Budistas y la mayoría de la gente que todavía no ha sido alcanzada con el mensaje del evangelio en el mundo.

Pero además de aquella ventana, hay otra que igualmente debe ser alcanzada con el evangelio y que también presenta dificultades culturales y retos. A esta se le ha llamado la ventana 4/14. Los números no representan coordenadas geográficas como la anterior, sino el rango de edad entre los 4 y los 14 años. Los que conforman esta nueva generación son personas nacidas en una era casi completamente digital, con una cultura muy diferente a la de sus mayores, lo cuál ha generado una brecha cultural entre hijos, padres y abuelos. A los jóvenes nacidos en esta era digital se les conoce como la "generación Z", e incluye a los nacidos a partir de 1995. Algunos de estos jóvenes son parte actualmente de ese escuadrón de misioneros decididos a abandonar su comodidad, viajar a nuevas culturas y aprender nuevos idiomas, para conquistar los corazones en el nombre de Cristo Jesús.

De la A a la Z

En esta sección veremos algunas características de la generación Z.

La generación Z se compone de jóvenes descendientes de las generaciones X e Y. Incluye a los jóvenes nacidos a partir de 1996. Es una generación marcada por el cambio tecnológico, cuyos miembros viven inmersos en la tecnología, de hecho no conocen otra forma de vida. Todo en su vida se desarrolla en medio de aparatos digitales y de la información veraz o no que fluye a través de ellos.

Brinda Barcelon, en su artículo "La vida de la generación Z", describe a estos jóvenes y su comprensión de la tecnología. Ella afirma que los miembros de la Generación Z nunca han conocido la vida sin computadoras personales, teléfonos móviles, sistemas de juegos, reproductores de MP3 e internet. Son verdaderos 'nativos digitales', acostumbrados a las aplicaciones de correo electrónico, mensajes de texto y computadoras. También son capaces de comprender y dominar los avances en la tecnología más rapidamente que las generaciones anteriores. Desafortunadamente, la tecnología también ha contribuido a la falta de esta generación del interés por jugar al aire libre, dando lugar a un estilo de vida sedentario que puede conducir a la obesidad.

Los sitios de redes sociales y mensajería instantánea eran comunes durante el crecimiento de la Generación Z, por lo que tienen poca preocupación por la privacidad y no tienen problemas en compartir incluso los detalles más íntimos de sus vidas con un personaje virtual. Los teléfonos móviles, mensajes instantáneos y el correo electrónico facilitan que la comunicación sea inmediata. Como resultado, los miembros de la Generación Z son muy colaborativos y creativos.

La Generación Z esta cómoda con la tecnología, es lógico pensar que también son capaces de llevar a cabo multitareas desde su nacimiento. Pueden escribir, leer, ver, hablar y comer, todo al mismo tiempo, un talento que aturde a muchos adultos. Mientras que son capaces de completar muchas tareas a la vez, cada tarea divide su atención, por lo que esta generación está perdiendo la capacidad de enfocar y analizar más tiempo la información compleja.

Generación X: tambien llamados baby boomers, se refiere a los nacidos entre 1960 y 1980. Se distinguen por el deseo de ser alguien en la vida, son responsables, preocupados por el mundo, grandes impulsores de la tecnología.

Generación Y: también conocidos como la generación milenial, son los descendientes de los baby boomers nacidos entre finales de 1980 y entre 1995 o 2000. Son más adaptables a los cambios tecnológicos. Muchos de ellos son nativos digitales.

Radiografía 3Z

En esta sección daremos una mirada más profunda a los jóvenes de hoy.

Una mirada más profunda nos permite ver cuáles son las características de los jóvenes de la Generación Z que los hace tan diferentes a las generaciones anteriores. Veamos entonces algunas características de su comportamiento en el entorno social.

- Se consideran tecnológicamente dependientes.

- Son adictos a los medios sociales (Facebook, Twitter, WhatsApp, Instagram, Snapchat, etc.).

- Están enfocados a lo virtual y digital, tecnologías informáticas (internet).

Escepticismo: desconfianza, duda de la verdad o eficacia de algo.

Lección 1 - Una generación desafiante

- Son nativos digitales; es decir, nacieron inmersos en la tecnología.
- No se conforman con el rol de observadores.
- Nacieron y crecieron en medio de una sociedad consumista.
- Desean estar involucrados e interactuando en todo, conectados con todo.
- Algunos especialistas los definen como futuros líderes, estructurados y adultos responsables. Otros consideran que esto puede no ser cierto dada su actitud desinteresada por lo que pasa en su entorno.
- Se piensa que existe en ellos carencia en las habilidades interpersonales debido a la tendencia individualista en su carácter.
- Se les califica de tener deficiencias como oyentes.
- Ven su futuro en la tecnología y no en tener una preparación académica formal.
- Se cree que muchos tendrán sus propios negocios.
- Son impacientes, pues desean resultados inmediatos.
- Su enfoque en las redes sociales les hace vivir creando un entorno virtual.
- Muestran escepticismo en las relaciones reales.
- Nacieron en la igualdad de género y en la libertad de preferencia sexual.
- Su dinámica de pensamiento y accionar son estructuradas.
- Tienen dificultad para hablar en público y entender el concepto de privacidad de núcleo.
- Se anticipa que tendrán una fuerte conciencia sobre ética laboral y social.
- No están representados por ningún sistema político.

Privacidad de núcleo: la generación de los nativos digitales no tiene los mismos tabúes de las generaciones anteriores para mostrar su vida privada en las redes sociales. Para ellos tiene más valor la libertad de expresión y cultivar la cercanía con otros que el guardar en secreto aspectos íntimos de su vida personal y familiar.

Adicionalmente es importante señalar que pertenecen a una generación postmoderna, nacida en una era del hedonismo, la verdad relativa y los dioses unipersonales, elementos generales pero esenciales para comprender su actitud ante la vida y la forma en que se relacionan en su entorno social.

¿Efebofobianos?

En esta sección analizaremos las reacciones ante los nuevos adolescentes.

La efebofobia, según la psicóloga Gemma Asarbai Navlani García, se define como un persistente, anormal e injustificado miedo a los adolescentes. Efebofobia incluye también el tener prejuicios basados en la edad de estos chicos y sus actitudes.

Algunos de los líderes de jóvenes no saben como guiar a esta nueva generación debido a sus ideas equivocadas acerca de como son ellos y ellas. Una de las formas más sutiles de prejuicio es pensar en los jóvenes como "diamantes en bruto", que necesitan ser transformados a "nuestra imagen". ¿Eso no suena bien verdad?, pero muchos todavía pensamos así. Nuestros abuelos afirman que su generación y su tiempo fueron mejores que los de nuestros padres, nuestros padres piensan que su generación y juventud fueron mejor que las nuestras, y aunque nosotros no lo digamos, pero a veces hemos pensado que hay cosas que eran mejor en nuestro tiempo. No necesitamos ser ancianos para pensar así. Los que ya cumplieron 19 años pertenecen a la generación anterior. ¡Esta es la dura realidad!

El apóstol Pablo en 1 Timoteo 4:12 afirma: *"Que nadie te menosprecie por ser joven. Al contrario, que los creyentes vean en ti un ejemplo a seguir en la manera de hablar, en la conducta, y en amor, fe y pureza."* Cada joven en cada generación, debe pasar por el proceso de ser formado por Dios, el y ella deben ser transformados a la imagen de Cristo, al igual que cualquier hijo e hija de Dios. Nadie tiene derecho a desvalorizar lo que Dios ha puesto en ellos, ni su personalidad, ni su capacidad, ni la forma en que ve el mundo. Por el contrario, si queremos servirles y bendecirles con nuestras vidas debemos acercarnos con respeto y admiración, para ver qué podemos aprender de ellos.

El apóstol Pablo también testifica en 1 Corintios 9:20-21: *"Entre los judíos me volví judío, a fin de ganarlos a ellos. Entre los que viven bajo la ley me volví como los que están sometidos a ella (aunque yo mismo no vivo bajo la ley), a fin de ganar a estos. Entre los que no tienen la ley me volví como los que están sin ley (aunque no estoy libre de la ley de Dios sino comprometido con la ley de Cristo), a fin de ganar a los que están sin ley."* Ser misionero incluye un proceso de aprendizaje intensivo y profundo de la nueva cultura, de tal forma que al exponer la Palabra de Dios pueda ser efectiva en el contexto. Si Jesús hubiera predicado hoy en medio de ciudades como México o El Salvador, podemos estar seguros que ninguna de sus parábolas hubiera hecho referencia a la pesca, a cultivos, a ovejas, u otro elemento común a la gente de aquellos tiempos en Galilea o Jerusalén, pues él siempre partió de la cultura, de lo cotidiano para enseñar sobre el reino de Dios.

Así también nosotros necesitamos dejar a un lado nuestros prejuicios y sumergirnos en esta cultura Z para aprender de ella y hacernos a ella para alcanzar a los que están en esta ventana.

> *"No permitas que nadie te desprecie por ser joven. Al contrario, trata de ser un ejemplo para los demás cristianos. Que cuando todos oigan tu modo de hablar, y vean cómo vives, traten de ser puros como tú. Que todos imiten tu carácter amoroso y tu confianza en Dios"* (1 Timoteo 4:12, TLA).

La mies sigue siendo mucha

En esta sección hablaremos del amor compasivo por los jóvenes.

Según el centro de información de las Naciones Unidas cerca del 38 por ciento de la población son jóvenes, en otras palabras 4 de cada 10 personas pertenecen a esta gran tribu cibernética mundial.

Lección 1 - Una generación desafiante

La Escritura dice en Mateo 9:36 que Jesús: *"Al ver a las multitudes, tuvo compasión de ellas, porque estaban agobiadas y desamparadas, como ovejas sin pastor."* La compasión es un amor tan grande que nos mueve actuar, no por lástima o por una obligación moral, sino únicamente por amor. La compasión nace desde lo más íntimo del ser y se transforma en actos evidentes y prácticos de amor. Jesús nos heredó la compasión como modelo de vida. Siendo que el amor compasivo es intrínseco a la santidad de Dios, cuando el Espíritu Santo viene a llenar nuestro ser, éste amor compasivo desborda nuestro corazón.

***Intrínseco:** que es perteneciente a su esencia, a su naturaleza.*

La multitud de jóvenes que habitan en nuestros contextos nos desafían a hacer algo hoy. Es la voluntad de Dios que su amor en nosotros por ellos sea tan grande que seamos movidos a servirles y conocerles y, en su cultura y lenguaje, presentarles a un Cristo encarnado.

Puede que el panorama nos asuste y se vea muy grande, puede ser que a veces nos abrume el no saber como hacerlo o por dónde comenzar. Dios se mueve de acuerdo con su voluntad y trabaja desde nuestras vidas, tomando en cuenta nuestras habilidades, dones y ministerios, pero al final es su gracia y su poder actuando en nosotros lo que marcará la diferencia.

Tan diferentes pero iguales

Finalmente veremos las características del contexto.

Si bien es cierto que existen diferencias entre las distintas generaciones, a través de los siglos los seres humanos siguen siendo iguales en esencia, con las mismas necesidades básicas, con el mismo pecado original y con la misma necesidad de restaurar su relación con Dios. Los jóvenes de esta generación están sufriendo, sin importar qué tan inmersos estén en la realidad virtual, ellos están pasando gran dolor y sufrimiento.

Gabriel Salcedo en su artículo *"La generación a la que servimos"* explora las características del contexto en el cual se desenvuelven actualmente los jóvenes, entre los cuáles enumera:

- Servimos a una generación sin padres. El sacerdote Henri Nouwen afirma… *"estamos frente a una generación que tiene personas que los han engendrado, pero no padres, una generación que ante todo reclama para sí algún tipo de autoridad."*

Asimismo los jóvenes están inmersos en un contexto donde:

- la familia no es valorada
- lo más importante es lo que tienes
- se sobredimensiona la belleza corporal

- la diversión es sobrevalorada
- la tecnología promueve la individualidad y la falta de atención
- los grandes ideales han desaparecido
- nada es perdurable
- la violencia es extrema
- el sexo puro ha sido ultrajado
- existen las multi-creencias

Ante todo lo anterior los jóvenes de hoy en día necesitan conocer y saborear la verdad, los valores del reino de Dios, experimentar la paz de Cristo, recibir el amor del Padre celestial. Para cada joven vacío y sin esperanza hay una respuesta, la única verdad absoluta y es Cristo. Él es la respuesta para toda la humanidad a través de los siglos. Sin embargo, lo que varía en cada sociedad y en cada época es la forma en que cada generación articula sus necesidades, expresa su vacío, manifiesta sus miedos y ansiedades. ¿Cuáles son las preguntas que hacen los jóvenes hoy? ¿Cómo estamos presentándoles la respuesta que necesitan conocer? ¿Estamos siendo pertinentes a su tiempo y contexto?

Cristo debe ser presentado en el lenguaje y los códigos propios de esta generación Z. Todos aquellos que con compasión inviertan sus vidas para ofrecer amistad honesta a estos chicos, tendrán la llave para abrir sus vidas a una experiencia personal y victoriosa con Cristo.

"Estamos frente a una generación que tiene personas que los han engendrado, pero no padres, una generación que ante todo reclama para sí algún tipo de autoridad" (Henri Nouwen).

¿QUÉ APRENDIMOS?

La generación Z suman cerca del 40 por ciento de la población mundial actual. Estos jóvenes poseen características propias y un entorno que los hace únicos. Jesús nos mostró y delegó un estilo de vida de compasión, por medio del cuál podemos alcanzar a ésta generación.

Lección 1 - Una generación desafiante

Actividades

INSTRUCCIONES:

1. Respondan en grupos a las siguientes preguntas. Si no tienen a mano esta información pueden hacer una encuesta en su comunidad conversando con éstos jóvenes directamente. Los jóvenes de la iglesia pueden proveer información inicial para dirigir adecuadamente sus preguntas. Luego realicen un perfil de los jóvenes de su comunidad, complentado el cuadro de la actividad 2.

- ¿Qué ritmos de música escuchan los chicos y chicas de tu barrio o vecindario?
- Enumeren al menos 5 palabras que sean modismos propios (jerga o palabras nuevas inventadas) que usan con frecuencia estos muchachos.
- ¿Cuál es el pasatiempo favorito o de moda de dichos jóvenes?
- ¿Cuáles son sus programas de TV o temática de películas favoritos?
- ¿Cuál/es es o son los "famosos y famosas" que más admiran y porqué?
- ¿Podrían describir la forma en que se comunican estos chicos?
- ¿Sabén cómo se llaman sus "tribus" o círculos íntimos?
- ¿Tienen algún tipo de ropa o símbolos que los distínguen (tatuajes, colgantes, gorra, peinado, entre otros?
- ¿Qué experiencia tienen sobre Dios?
- ¿Qué opinión tienen de nuestra iglesia?
- ¿Qué necesitan? ¿Cómo podemos servirles?

2. Perfil de un/a joven de mi comunidad:

	Música	Pasatiempos	Programas TV/Cine
GUSTOS Y PREFERENCIAS			

	Nombre del grupo	Vestimenta y símbolos	Medios de comunicación
RELACIONES LENGUAJE			

	Ídolos	Acerca de Dios	Acerca de la Iglesia
CREENCIAS			

CREENCIAS	

3. Cómo clase elaboren algunas ideas para hacer amistad y servir a los jóvenes de la comunidad. No olviden lo más importante ... ¡que estas ideas pronto puedan llevarse a la práctica!

_____
_____
_____
_____
_____
_____
_____

Notas

Lección 2

CARACTERÍSTICAS DEL LÍDER

Objetivos

- Definir el perfil del líder transformacional.
- Valorar las ventajas de un estilo de coaching.
- Aprender a desarrollar estrategias efectivas.

Ideas Principales

- Urgentemente la iglesia necesita liderazgo transformacional para las nuevas generaciones.
- El líder ante todo debe ser un coach que empodere a los jóvenes.
- Los buenos líderes forman y desarrollan su equipo ministerial.

Introducción

La sociedad actual está en constante transformación y, por ende, la cultura juvenil cambia vertiginosamente. La cultura contemporánea sobrevalora al ser humano y le ha puesto en el lugar de controlador del universo. La forma de pensar posmoderna desconfía de las ideas absolutas y prefiere las relativas, lo que ha dado lugar a la descristianización, la secularización y al sincretismo religioso. En esta cultura se considera que ya nadie es dueño de la verdad, ni siquiera la iglesia. Es por eso que cada persona se siente libre de elegir sus creencias, bajo su propia responsabilidad.

Hoy en Mesoamérica los jóvenes se alejan de Dios y se observa un divorcio entre la fe y la práctica. Para hacer frente a este flagelo, necesitamos jóvenes que se conviertan en líderes con la capacidad de amar y liderar estratégicamente a las nuevas generaciones al encuentro con Dios.

Hoy el mundo necesita un liderazgo de excelencia en el ministerio juvenil. Los líderes actuales tienen que pensar no solo en conocer y entretener a los jóvenes, sino también en la manera de alcanzarlos con el mensaje del evangelio y potenciarlos para que ellos sean agentes de cambio en su comunidad.

Es por eso que estudiaremos en esta lección dos aspectos importantes del liderazgo juvenil para esta época: El perfil del líder y su estrategia.

Descristianización: *"Proceso por el cual una sociedad organizada en torno a la idea de cristiandad encuentra nuevos ejes de organización y sentido, fuera de la religión cristiana. Se produce en una época de transición de una sociedad tradicional a una moderna"* (Bibliatodo Diccionario).

Características del líder transformacional

En esta sección veremos las características de un líder juvenil efectivo.

¿Cuáles son los estilos de liderazgo que son comunes hoy en las iglesias cristianas?

Los estilos de liderazgo que fueron efectivos en el pasado, ya no lo son para las nuevas generaciones. Algunos de éstos estilos que ya no funcionan son:

✓ El autocrático, que tiene el poder absoluto.

✓ El burocrático, que sigue las reglas rigurosamente.

✓ El carismático, que tiende a creer más en sí mismo que en su equipo.

Lo que los jóvenes de hoy necesitan es un líder transformacional, que inspire a sus equipos de forma permanente y que los contagie de su pasión y santidad. A continuación vamos a exponer las cualidades características de éste modelo de liderazgo:

1. **Es ejemplo:** Es una persona que crece a la semejanza de Cristo. Es por naturaleza siervo, humilde y sujeto a la autoridad de sus líderes espirituales.

2. **Tiene un corazón compasivo:** Es un líder que ama a las personas como Jesús las amó y atiende sus necesidades. Es un líder siervo, no busca ser servido sino que se deleita en servir a los jóvenes (Filipenses 2: 3-7).

3. **Tiene visión:** No sólo tiene metas claras, sino que forja un camino, desarrolla un plan estratégico para alcanzar los objetivos.

4. **Es un líder relacional:** Sabe demostrar amor por medio de las relaciones interpersonales con los jóvenes.

5. **Es un mentor o mentora:** ¿Quién es un mentor? Es alguien que provee a sus discípulos de conocimientos, consejos, guía, corrección y motivación. No sólo les acompaña, sino que les comparte sus experiencias. Les ayuda a enfocarse y a determinar sus prioridades. Les motiva e inspira para que alcancen sus metas y aprendan de los errores. Les corrige y ayuda a moverse hacia el objetivo. Les ofrece un modelo de liderazgo saludable que aconseja y camina con sus ovejas.

6. **Es un líder que empodera:** Este líder faculta a la nueva generación para dirigir y edificar el reino. Los líderes que empoderan no construyen su propio reino sino que identifican, reclutan y equipan a las nuevas generaciones. La meta de estos líderes es formar líderes que a su vez sean mentores de otros líderes.

7. **Es un líder de equipo:** Involucra a todo el grupo para ejecutar su plan estratégico. Jesús creó un equipo y lo empoderó para cumplir su misión. La comunicación con el equipo debe ser clara, coherente y convincente (Mateo 10:1).

8. **Es un líder estratégico:** Son líderes que tienen la capacidad de leer los tiempos y encontrar respuestas bíblicas a las necesidades actuales. Ellos contagian a sus jóvenes, quienes les siguen para alcanzar las metas. Ellos no trabajan solos, sino que delegan responsabilidades para involucrar a otros en la obra del ministerio (2 Timoteo 2:2).

Si cada uno de los líderes (los que ya sirven y los que vendrán) del ministerio juvenil cultiva estas características, podrá modelar un liderazgo efectivo y digno de imitar. El desarrollo de este modelo de liderazgo será crucial para los años venideros de la iglesia.

Hoy ministramos en un contexto donde la mayor parte de la población es joven. Dichos jóvenes poseen unos valores y antivalores que se incluyen en el siguiente gráfico:

Lección 2 -Características del líder

> *"El liderazgo es la capacidad de traducir una visión en una realidad"* (Warren Bennis).

> *"Cuando tienes los valores claros, las decisiones son más fáciles"* (Roy E. Disney).

VALORES	ANTIVALORES
• Solidaridad	• Materialismo
• Hospitalidad	• Individualismo
• Creatividad	• Hedonismo
• Espíritu de Cambio	• Desocupación
• Capacidad de Riesgo	• Delincuencia
• Conciencia Social	• Extorsiones
• Ansias de Superación	• Sicariato
• Esperanza en la Iglesia	• Cultura de Muerte
• Énfasis Ecológico	• Irrespeto a la vida (aborto, promiscuidad)

El líder en su rol de coach

A continuación veremos cómo el líder puede ser un buen coach.

Según el escritor Keith E. Webb en su libro "El modelo coach para líderes cristianos" (p. 24), el coaching es una conversación intencionada y continua que capacita a una persona o grupo a vivir el llamamiento de Dios a plenitud.

Algunas premisas importantes del coaching en el rol del líder son:

1) El coaching no trata de dar respuestas, sino de plantear preguntas que hagan pensar a los jóvenes.

2) Ayuda a los jóvenes en un proceso de descubrimiento.

3) Los jóvenes son responsables de su bienestar físico, mental y emocional, así como de sus elecciones y decisiones.

"Si tus acciones inspiran a los demás a soñar, aprender y hacer más; eres un líder"
(John Quincy Adams).

Como coach podemos ayudar a los jóvenes a centrarse y enfocarse en su objetivo; pasar de la visión a la acción; alcanzar más rápido sus objetivos; tomar mejores decisiones; ampliar su perspectiva de soluciones innovadoras; contextualizar sus esfuerzos; ayudar a pensar y trabajar juntos para alcanzar un objetivo común.

El líder con el rol de coach hace esencialmente 4 cosas concretas:

1) Escucha atentamente lo que el joven le dice.

2) Hace preguntas: estimula el pensamiento por medio de preguntas sobre posibilidades y el futuro.

3) Anima: Todos necesitamos que nos animen para alcanzar la meta y el coach mantiene viva la visión, los progresos y los esfuerzos de los chicos.

4) Facilita: los jóvenes dirigen todo, la temática y el enfoque.

El siguiente acróstico que presenta Webb es un buen resumen del proceso:

- **C** • **CONECTAR:** generar confianza con el joven.
- **O** • **OBJETIVO:** lo que quiere alcanzar por medio de la conversación.
- **A** • **AMPLIAR:** mostrar el abanico de opciones y oportunidades.
- **C** • **CONCRETAR:** crear pasos prácticos para alcanzar lo deseado.
- **H** • **HITOS:** lo que resultó ser más significativo en la conversación.

Si como líderes desarrollamos el rol de coach en el ministerio juvenil vamos a tener extraordinarios resultados, pues los jóvenes serán responsables de sus propias vidas y se comprometerán con ellos mismos a trabajar en sus objetivos, y serán ellos mismos quienes diseñen el plan para alcanzarlos.

El líder liderando equipos

En esta sección veremos las claves de los equipos exitosos.

Se necesitan cuatro condiciones necesarias y cuatro compromisos personales para que el trabajo de un equipo ministerial dé los frutos esperados.

Cuando un equipo de trabajo tiene las condiciones claves de la confianza, coordinación, cooperación y comunicación genera resultados. Los mejores equipos siempre están perfeccionándose, trabajan para un mejoramiento continuo y creativo de sus estrategias (reingeniería), para que sus ministerios sigan dando los frutos esperados.

¿Cuáles son las ventajas de formar equipos ministeriales para el ministerio juvenil?

En los equipos exitosos todos los miembros se comprometen a:

- Comunicarse de manera adecuada y oportunamente todo el tiempo.

- Cooperar continuamente tanto de manera funcional como emocional.

- Coordinar todas las acciones con eficiencia y efectividad.

- Generar confianza de manera permanente.

Un líder que desee reclutar un equipo fructífero debe buscar y reclutar a la gente que sepa hacer algo que él no sabe hacer. El equipo entonces se

Lección 2 -Características del líder

conformará con personas de una variedad de conocimientos, pero también deben ser personas con convicción, consecución y consistencia. En resumen los miembros de un equipo exitoso poseen:

- Conocimiento sobre teorías, técnicas y prácticas.

- Convicción o pasión.

- Consecución, son personas proactivas, trabajadoras.

- Consistencia, resisten, son estables.

Podemos entonces decir que en un equipo es valiosa cada persona como individuo, pero además es valiosa como parte de ese equipo, ya que realiza un trabajo personal y un trabajo compartido. Todo esto nos lleva a los ocho imperativos de la productividad que se plasman la siguiente gráfica.

Sinergia: proviene de un término griego que significa "cooperación". Se utiliza para describir una acción en la que dos o más causas intervienen y que generan un efecto superior al que se conseguiría con la suma de los efectos individuales.

GRÁFICA DE LA SINERGIA DEL EQUIPO

Resultados

Trabajo en equipo	Trabajo personal
Confianza	Consistencia
Coordinación	Consecución
Cooperación	Convicción
Comunicación	Conocimiento

Es importante que el ministerio juvenil pueda formar un equipo de líderes que cuente con estas características. ¿Cuáles son los resultados de tener un equipo con estas ocho cualidades?

1. Levantar una generación de líderes fuertes y saludables.

2. Las vidas son transformadas en la juventud.

3. Se genera participación y confianza en los jóvenes.

4. Los jóvenes encuentran significado para sus vidas.

5. Los jóvenes se convierten en agentes de cambio y en verdaderos discípulos.

6. Los jóvenes se animan y se les desafía en el alcance de sus metas y objetivos.

Este tipo de equipo fomenta confianza en los jóvenes y siempre busca integrar a otros líderes, sumando dones y talentos al ministerio para un mayor alcance y efectividad. En cuanto al servicio personal se requiere que los líderes sean diestros para enseñar la Palabra de Dios a los jóvenes (2 Timoteo 3:16). Para ello se debe seguir cuatro pasos:

1. Leer la Biblia hasta alcanzar un entendimiento claro de lo que Dios quiere para mi vida personal.

2. Meditar en lo que Dios está diciendo, sobre lo que quiere cambiar en mi vida y sobre cuál es la visión del Señor para los jóvenes de la iglesia local.

3. Aplicar la enseñanza a la vida, pues la meta es encarnar la Palabra de Dios, darle vida en mi vida, hacer los cambios necesarios para vivir a semejanza de Jesucristo.

4. Compartir la Palabra de manera de animar a los jóvenes a ser agentes de cambio, lo que incluirá también acercar a otros jóvenes a la gracia de Dios.

La enseñanza efectiva de la Palabra debe llevar a los jóvenes a crecer en convicción, compromiso y pasión por la vida cristiana. Dicha pasión hará que los jóvenes se motiven, se energizen, se fortalezcan y se renueven en su relación con Dios. En un buen programa de discipulado los jóvenes reciben instrucción, la retienen en su vida y la reparten o comparten con otros.

La mayor influencia que un líder de jóvenes puede dejar en otros, no es tanto lo que enseña con sus palabras, sino el modelo de su estilo de vida (Filipenses 3:17).

La estrategia

Finalmente veremos que caracteriza una buena estrategia para el liderazgo juvenil.

La estrategia se refiere a un conjunto de acciones que se llevan a cabo para lograr un fin. Una estrategia incluye el desarrollo e implementación de planes para alcanzar propósitos y metas.

¿Por qué debemos contar con una estrategia?

- Porque nos ayudará a llevar a la práctica la visión y la misión del ministerio.

- Porque nos acercaremos al futuro por medio de establecer los pasos.

- Porque nos ayudará a trabajar en equipo en un mismo sentir y una misma dirección.

Lección 2 - Características del líder

"Un líder es aquel que conoce el camino, hace el camino y muestra el camino"
(John C. Maxwell).

¿Qué caracteriza una buena estrategia para el liderazgo juvenil?

- Desarrollar un evangelismo creativo y relacional.
- Fortalecer el discipulado intencional de cada joven.
- Equipar y desarrollar líderes por medio de la pastoral juvenil.

¿Qué Aprendimos?

Los líderes exitosos enfrentan los desafíos trabajando en equipo y con una buena estrategia. Éstos son los que cultivan un estilo de liderazgo transformacional, desarrollan discípulos comprometidos, levantan y forman un equipo de líderes, empoderan a los jóvenes y dejan una huella en sus vidas mediante su modelo de vida.

Actividades

Tiempo 20'

INSTRUCCIONES:

1. Escriba en sus propias palabras una definición de los siguientes estilos de liderazgo:

   a. Estilo de coach:
   _____
   _____

   b. Estilo transformacional:
   _____
   _____

   c. Estilo autoritario:
   _____
   _____

2. Describa su estilo de liderazgo de manera honesta. Señale aquellas características que considera positivas y también las características débiles o áreas en que deba mejorar.
   _____
   _____
   _____
   _____
   _____
   _____

3. Como clase evalúen la calidad de la sinergia del equipo de líderes del ministerio juvenil, calificando los resultados con la escala de 0 a 10, siendo 0 para ningún resultado y 10 para excelente resultado.

____ Se están levantando nuevos de líderes fuertes y saludables.

____ Los líderes existentes y nuevos se están capacitando.

____ Los jóvenes han crecido en compromiso con Jesucristo.

___ *Hay mayor deseo de participación y confianza en los jóvenes.*

___ *Se observa a muchos de ellos encontrando significado para sus vidas.*

___ *Los jóvenes están sirviendo y transformando su comunidad.*

___ *Los jóvenes se han puesto metas y objetivos para su vida.*

___ *Se les anima y desafía constantemente para alcanzar sus metas y objetivos.*

___ *Estamos alcanzando nuevos jóvenes y los estamos discipulado.*

4. En grupos de 3 a 4 participantes respondan las tres preguntas que siguen. Luego comparen sus respuestas con los otros grupos y elaboren una estrategia conjunta de toda la clase.

¿Cuáles son los frutos o resultados que esperamos de nuestro trabajo en el ministerio juvenil?

¿La estrategia actual que tenemos en nuestro ministerio juvenil está dando los resultados esperados?

¿Podemos tener una estrategia mejor? ¿Cuál sería?

Lección 3

LLAMADO A LA CONQUISTA

Objetivos

- Definir qué es un llamado a la conquista.
- Establecer las áreas que estamos llamados a conquistar.
- Descubrir algunas cualidades de los jóvenes conquistadores.

Ideas Principales

- No es posible conquistar sin tener un corazón de siervo.
- La mentalidad de esclavo impide ser un conquistador.
- Para la conquista se requiere entre otras cualidades: pasión, fe, iniciativa, integridad, carácter y santidad.

Introducción

Desde que existe el ser humano sobre la faz de la tierra ha demostrado su permanente deseo de expandir y aumentar no sólo sus bienes, sino también su territorio. La historia es testigo de su lucha constante, sin escatimar esfuerzos, recursos o medios; siempre tras la conquista de sus objetivos.

Los objetivos a conquistar han sido variados en el correr de las generaciones y las culturas. Ya sea impulsados por el deseo personal, por la necesidad o por obligación con su país; los hombres han luchado por obtener riquezas, tierras, comida, esclavos, armas o por expandir su poder, sus mercados. Algunos han sido impulsados por el deseo de recuperar lo que antes les pertenecía y se les había arrebatado.

Impulsados por este afán conquistador hombres y mujeres han puesto en riesgo su propia vida y muchos la perdieron en el intento. No todas las personas tienen éxito en la conquista.

De manera particular las personas jóvenes son quienes abrazan grandes proyectos de conquista, aprovechando esta edad llena de energía y talento.

¿Qué es llamado a la conquista?

En esta sección vamos a definir llamado y conquista.

Luego Dios los bendijo con las siguientes palabras: "Sean fructíferos y multiplíquense. Llenen la tierra y gobiernen sobre ella. Reinen sobre los peces del mar, las aves del cielo y todos los animales que corren por el suelo" (Génesis 1:28).

La palabra conquista proviene del latín *conquistare*, que puede traducirse como ganar. Es la acción y efecto de conquistar personas o adquirir cosas. Se refiere también a la obtención del control de una zona o territorio. Por lo general la idea de conquistar se asocia a adquirir algo por la fuerza de las armas. En cuanto a las relaciones interpersonales se refiere a ganar la voluntad de una persona o enamorar.

La palabra más antigua relacionada con la idea de conquista en la Biblia la encontramos en el libro de Génesis 1:28, cuando el hombre y la mujer fueron creados. La palabra sojuzgad, proviene del verbo hebreo *kana* que significa humillar, someter.

A su vez, la palabra llamado refiere a la acción y efecto de llamar, en tanto, el verbo llamar hace referencia a invocar, convocar, citar, nombrar, denominar a alguien, o en su defecto, dar voces o hacer señales para atraer la atención de un individuo o de un animal.

La Biblia enseña de algunas personas que fueron llamadas para hacer grandes conquistas pero que terminaron mal. Por ejemplo el primer rey de Israel, Saúl, tuvo la oportunidad no solamente de hacer grandes conquistas, sino de iniciar una dinastía de reyes para su pueblo, pero por causa de su desobediencia se separó de Dios y su vida tuvo un final triste (1 Crónicas 10:1-12).

Otro ejemplo es Sansón, quién habiendo sido dotado por Dios de una fuerza extrahordinaria para liberar a su pueblo, por su falta de obediencia, cayó en manos de los Filisteos, quienes lo torturaron dejándolo ciego. Finalmente se arrepiente y Dios le devuelve la fuerza para demoler el edificio donde estaban congregados los enemigos, pero Sansón también muere junto con cientos de ellos (Jueces 16:23-31).

En el Nuevo Testamento encontramos otro ejemplo en Judas, uno de los discípulos de Jesús, quien por ambición traicionó a su maestro y luego puso fin a su vida abruptamente (Mateo 27:3-8).

"Pues muchos son los llamados, pero pocos los elegidos" (Mateo 22:14).

¿Cuáles han sido las razones de estos fracasos? Podemos hacer una lista de causas:

- Mal entendimiento e información sobre el llamado de Dios.

- Falta de disciplina en el quehacer ministerial.

- Falta de preparación espiritual, emocional e intelectual.

- Falta de principios y valores en el ejercicio de su misión.

Estos tres casos, nos sirven como ejemplo para que cuidemos de manera cautelosa el llamado que Dios nos ha hecho a conquistar, ya que, lo mismo que sucedió en estas vidas puede pasarnos hoy. El llamado nos compromete a desarrollar algunas áreas de nuestra vida. De ello dependerá el éxito y la conquista personal, familiar y ministerial. Algunos jóvenes fracasan porque se aventuran a la conquista sin antes haberse preparado y naturalmente, esto termina en un evidente fracaso.

Llamado y servicio

Ahora veremos como el llamado conduce a una vida de servicio.

En el transitar de la vida cristiana será imposible conquistar sin tener un corazón de siervo. Entre los ejemplos de servicio en la Biblia encontramos a Josué quien aprendió a servir a Dios y a su líder, Moisés. La vida de Josué estuvo caracterizada por el servicio (Éxodo 33:11). Fue uno de los espías que Moisés envió (Números 13:8) y aprendió a hacer las cosas "como se le mandaba hacer" (Éxodo 17:8-10). Después de 40 años seguía siendo un servidor fiel (Josué 1:1).

El privilegio de servir al Señor no se limita solamente a los seres humanos sino que los ejércitos de los ángeles son sus ministros, quienes hacen su voluntad (Salmo 103:21).

Lección 3 - Llamado a la conquista

Esta trayectoria de sometimiento, obediencia y lealtad lo respaldó en su tarea de ser un conquistador. Sin estos principios no se puede conquistar, al contrario, se cae en la derrota. Para conquistar en cualquiera de las áreas de la vida se necesita tener un "corazón de siervo".

A nosotros también se nos llama a la conquista. Es el reto que tenemos por delante. No somos llamados a retroceder, sino a avanzar; para esto necesitamos oír la voz de Dios y tener el corazón de siervo.

Mentalidad de conquistadores

En esta sección veremos que la mentalidad de esclavo impide conquistar.

Nadie puede conquistar con mentalidad de esclavo. ¿Cómo es la mentalidad de un esclavo?

- Vive día a día, no planifica porque vive el hoy.

- No establece su ambiente, se deja llevar por las situaciones que le rodean. (Un ejemplo: Faraón determinaba lo que harían, comerían y creerían los esclavos, según Números 11:1 en adelante).

- El esclavo no tiene voz; si en Egipto se quejaban eran maltratados y heridos.

- El esclavo no tiene esperanza; está resignado a vivir en necesidad el resto de su vida.

- El esclavo no ve a Dios como padre, si no como Dios exigente; como un capataz, malo y cruel (Éxodo 16).

- El esclavo siempre espera un golpe de suerte, que alguien lo entienda; confunde un golpe de suerte con fe.

Pero un llamado a la conquista debe de estar acompañado por una fe inquebrantable; la fe funciona cuando actuamos (ver Santiago 2:17).

Toda persona que ha sido llamada a la conquista debe de evidenciar que tiene una fe inquebrantable para agradar a aquel que le llamó (Hebreos 11:6). La fe es la prueba que dice que una persona ha sido llamada a una conquista segura (Marcos 9:23, Hebreos 11:1).

Y la fe tiene que ir en dos direcciones. Por un lado se debe tener fe en Dios (Juan 15:5). Debemos creer que Él estará presente en cada una de nuestras conquistas juveniles, que Él va delante de nosotros y que sin Él nada podemos hacer. Por otro lado se debe tener fe en uno mismo (Génesis 1:26 y Jueces 6:14). La mayoría de los jóvenes no tienen muchos problemas con lo primero, o sea tener fe en Dios, el problema grande viene cuando les toca creer en ellos mismos.

Debemos confiar en que Dios nos llamó para ser conquistadores. Así como Él es un conquistador, nosotros también lo seremos, porque Dios

> *"Usted no sólo debería tener fe; debe usarla."*
> *(Napoleón Hill).*

nos creó a su imagen y semejanza (Génesis 1:26). Antes de iniciarnos en la conquista externa necesitamos conquistarnos a nosotros mismos, es decir creer en nuestro potencial.

La pasión y otros ingredientes

Ahora veremos que pasión, iniciativa y carácter son imprescindibles.

En Josué 14:1-14 podemos ver como permanecía la pasión de Caleb a sus 85 años, el cuál es un ingrediente esencial en el llamado a la conquista. La pasión aumenta la fuerza de voluntad; la pasión produce energía; la pasión es el fundamento de la excelencia; la pasión es la clave del éxito; la pasión de una persona se vuelve contagiosa.

Retomando 1 Samuel 17, un llamado a la conquista debe de ser precedido, además de la pasión, por continuas iniciativas. La iniciativa es un paso determinante en el llamado a la conquista. La iniciativa cierra la puerta a todo tipo de temor y nos ayuda a dar pasos en la conquista.

La iniciativa abre las puertas a grandes oportunidades para conquistar; la iniciativa con frecuencia es la diferencia entre los que conquistan grandes logros y los que solamente están hablado de su llamado; las personas que no tienen iniciativa fracasan en su conquista por su falta de acción; las personas que no tienen iniciativa buscan el momento perfecto para actuar; las personas que no tienen iniciativa prefieren el mañana antes que el hoy. Si quieremos ser efectivo en el llamado a la conquista debemos tomar la iniciativa de iniciar hoy.

Pasión, iniciativa, pero también carácter. En la historia de José, el soñador (Génesis, capítulos 39 al 47), podemos observar que un llamado a la conquista debe de estar acompañado de un buen carácter. La integridad de carácter nos ayuda a mantenernos enfocados en lo que se nos llamó a conquistar.

La conquista para Dios requiere de una vida recta, una vida santa. Nuestro carácter se va a reflejar en la honestidad con que actuémos en el proceso de conquista y en los frutos de nuestro ministerio. Para crecer en un carácter santo debemos cuidar lo que permitimos entrar en nuestra mente, rechazar las tentaciones, y no desaminarnos frente a las dificultades que se presenten en la vida.

La santidad y el llamado a la acción

Los conquistadores que van adelante deben tener vidas santas.

Dios le dijo a Josué: "Ahora pues levántate, pasa el Jordán…" (Josué 1:2 RV95). Existen muchas personas que solo tienen las cosas en su mente pero jamás hacen nada. El reto de Dios a Josué fue a ponerse en acción.

Caleb hijo de Jenofonte, una tribu de cenezeos (descendientes de Esaú) que se unió a la tribu de Judá (Números 13:6, 32:12). En su juventud fue uno de los doce escogidos para explorar Canaán. Solo él y Josué entre su generación entraron con los jóvenes a la Tierra prometida. Fue escogido para repartir la tierra entre las tribus a la edad de 85 años (Josué 14:11) y lideró a la tribu de Judá en la conquista de Hebrón (Josué 15:14).

La iniciativa es una cualidad que nace de cada persona, es decir, no hay ningún factor externo que la impulse para lograr su objetivo. El objetivo puede ser comenzar un proyecto, iniciar una relación, buscar soluciones a alguna problemática, entre otros.

*Cuando la Biblia se refiere al **carácter** de una persona indica una cualidad moral, es decir, una persona de buen carácter es alguien verdadero, puro, estable y responsable, como el caso de Bernabé (Hch. 11:24) de quien se dice además que era un hombre de integridad.*

Lección 3 - Llamado a la conquista

Esto implicaba superar la experiencia negativa del pasado, e ignorar el comentario de la mayoría. El mandato "… levántate, pasa…" implicaba superar el temor y la frustración (recordemos que 40 años antes Israel estuvo en este mismo lugar).

Tomemos en cuenta que la base de este accionar está en oír la voz de Dios que contiene una promesa: …"a la tierra que yo les doy…" La familia es tierra que Dios nos da y nos llama a conquistar; los jóvenes compañeros de clases son tierra que Dios nos da y nos llama a conquistar; nuestros amigos son tierra que Dios nos da y nos llama a conquistar; los vecinos son tierra que Dios nos da y nos llama a conquistar; los compañeros de trabajo son tierra que Dios nos da y nos llama a conquistar; nuestra ciudad es tierra que Dios nos da y nos llama a conquistar; la nación es tierra que Dios nos da y nos llama a conquistar. Todos estos son terrenos o áreas que Dios nos llama a conquistar. ¡Levantémonos y conquistemos!

No podemos seguir pasivos ante los grandes retos de la vida, hoy es tiempo de actuar. Pero esta acción debe ir acompañada de una vida de santidad (Josué 3:5). La santidad tiene que ver con la limpieza interna (mente, corazón, voluntad) que se ve reflejada en nuestras acciones externas: "Dichosos los de limpio corazón, porque ellos verán a Dios" (Mateo 5:8). La santidad está estrechamente relacionada con lo que veo, lo que escucho, lo que hablo y lo que decido.

En Gálatas 5:19-21 el apóstol Pablo hace una lista detallada de acciones que son pecaminosas, las cuales son contrarias a la santidad y son un obstáculo en nuestro llamado a la conquista; por esta razón Josué lanzó un reto al pueblo: *"Santificaos porque el Señor hará maravillas entre nosotros"* (Josué 3:5 RV95). No podemos experimentar las maravillas de Dios y conquistar si hay engaño y suciedad en nuestro corazón. Cuando hay pecado y cosas ocultas debajo de nuestra tienda no solamente no cumplimos nosotros con el llamado a la conquista; no solamente dejamos de conquistar, sino que hacemos de la derrota una desgracia corporativa.

Santifiquémonos al Señor, para que Él haga maravillas entre nosotros.

> *"Las obras de la naturaleza pecaminosa se conocen bien: inmoralidad sexual, impureza y libertinaje; idolatría y brujería; odio, discordia, celos, arrebatos de ira, rivalidades, disensiones, sectarismos y envidia; borracheras, orgías, y otras cosas parecidas.*
> *Les advierto ahora, como antes lo hice, que los que practican tales cosas no heredarán el reino de Dios"*
> *(Gálatas 5:19-21).*

¿QUÉ APRENDIMOS?

El llamado a la vida de santidad va adelante del llamado a la conquista. Debemos tener una visión clara y definida de que fuimos llamados a conquistar. Necesitamos ponernos en acción rápida e inmediatamente. Para tener éxito en esta misión necesitamos tener fe en Dios y en nosotros mismos, como instrumentos útiles en las manos del Señor.

Actividades

Tiempo 20'

INSTRUCCIONES:

1. Escriba una lista de 3 o 4 territorios o áreas que Dios le llama a conquistar en este tiempo.
_____
_____
_____

2. ¿Cuál sería el primer paso que va a dar en cada una de éstas áreas?
_____
_____
_____

3. Evalúe los requisitos para responder al llamado a la conquista presentes hoy en su vida. Use la siguiente escala:

Fuerte siempre – Inconstante (según las circunstancias) – Bajo

Santidad de vida:_____

Fe en Dios:_____

Fe en ti mismo:_____

Iniciativa:_____

Pasión por la obra de Dios: _____

Integridad: _____

4. Si en alguno de los requisitos salió bajo o inconstante, escriba los pasos que va a dar a partir de hoy para fortalecer ese requisito.
_____
_____
_____
_____
_____
_____

5. Haga una lista de esas cualidades y habilidades personales que podrán ayudarle en esta misión. Luego pida a un compañero o compañera de clase, que le conozca bien, que le diga si puede ver esas cualidades y habilidades en usted.

_____
_____
_____
_____
_____
_____

Lección 4

EL OBJETO DE LA CONQUISTA

Objetivos

- Aplicar principios de investigación para comprender el contexto.
- Valorar la cultura juvenil.
- Identificar las problemas que enfrentan los jóvenes.
- Aprender a acercarse a las nuevas generaciones.

Ideas Principales

- Los jóvenes escucharán un mensaje que sea relevante a sus intereses y necesidades.
- El ministerio juvenil requiere que los líderes se capaciten e investiguen de manera continua.

Introducción

Actualmente conocemos y entendemos muy bien que no existe una única forma de hacer ministerio juvenil, y que los desafíos que las nuevas generaciones presentan no se solventan con listas de pasos a seguir ni fórmulas mágicas para aplicar. Sin embargo, esto nos coloca frente a la hermosa oportunidad de ser creativos e innovadores en nuestras estrategias de alcance, acercamiento genuinamente relacional y comunicación del evangelio de Cristo. ¡Una enorme oportunidad que conlleva importantes desafíos!

Por eso en esta lección nos preguntaremos: ¿Cómo podemos ser relevantes para las nuevas y desafiantes generaciones? ¿Nos estamos preocupando por acompañar, amar y entender a las nuevas generaciones? ¿Queremos aprender a conocerles mejor?

Si estamos interesados en hallar respuestas a estas preguntas, en esta lección hallaremos buenas noticias.

¿Cómo conocer al grupo meta?

En esta sección hablaremos de la importancia de la investigación.

La investigación debe ser una ocupación constante para el líder juvenil. Para conocer a las nuevas generaciones, es necesario que los líderes de jóvenes y adolescentes nos mantengamos en permanente actualización; por eso, a continuación se presentan algunos criterios que nos ayudarán a dirigir nuestros esfuerzos de capacitación e investigación.

Esta lección contiene indicadores que señalan los ejes en que debemos mantenernos informados y actualizados. El líder juvenil debe ser un autodidacta estudioso de las tendencias, desarrollo y problemáticas de las nuevas generaciones.

El líder juvenil debe ser un autodidacta estudioso de las tendencias, desarrollo y problemáticas de las nuevas generaciones.

Ellos y ellas están en construcción

Aquí vamos a estudiar las etapas de desarrollo de las personas.

*El **pensamiento** es una actividad intelectual y de creatividad que posee el ser humano. Es la capacidad que tiene para formar en su mente ideas y representaciones de la realidad.*

Para acompañar a las nuevas generaciones a alcanzar su máximo desarrollo, es muy importante que conozcamos las etapas de desarrollo evolutivo que todas las personas recorremos en el transcurso de la vida.

Cuando nos informamos sobre el desarrollo integral en la etapa de la adolescencia y juventud, encontramos con más facilidad los porqués de sus acciones y podemos discernir cuáles comportamientos son riesgosos y cuáles de ellos son normales y hasta necesarios. Identificar la etapa de desarrollo en la que se encuentran las personas nos permitirá tener una perspectiva más completa de sus vidas y conductas, y un acercamiento más efectivo, enfocado en sus necesidades y oportunidades.

Los y las adolescentes y jóvenes, no son adultos, y no necesitan "comportarse como adultos" para estar bien, sino que requieren adultos que los acompañen y motiven a ser adolescentes y que desarrollen espacios seguros que les permitan desarrollarse, sin temor a equivocarse. Las características del desarrollo integral de los adolescentes pueden describirse en 6 áreas:

El pensamiento concreto se presenta en niños a partir de los 7 - 11 años.
En el pensamiento concreto según Piaget el niño puede conocer la realidad que lo circunda y pensar sobre ella estableciendo relaciones. Puede recordar cantidades, volúmenes, longitudes, etc.
El pensamiento abstracto se va presentando entre los 12 - 15 años. Es la capacidad de utilizar la representación simbólica o lógica y las generalizaciones. Por ejemplo, la capacidad de descomponer en partes y analizar, discernir propiedades comunes, asumir simulacros, planear, etc.

ÁREAS DE DESARROLLO INTEGRAL DE LOS ADOLESCENTES

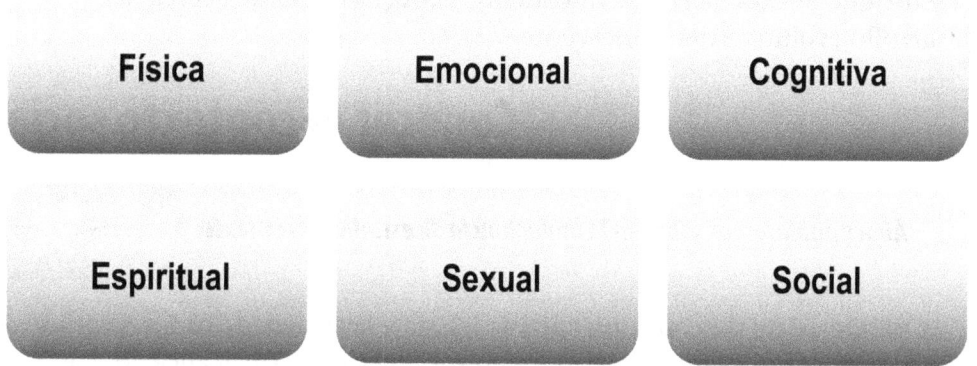

¿Hemos observado que los jóvenes y adolescentes duermen más? ¿Nos hemos preguntado porqué antes recordaban datos e instrucciones con más facilidad? ¿Conocemos las implicaciones emocionales que los cambios físicos tienen en ellos? ¿Sabemos que dudar y reafirmar su identidad sexual es algo que ocurre en esta etapa para ellos y ellas? ¿Conocemos cuán fuerte es su necesidad de pertenencia y relaciones sociales?

La búsqueda de riesgo en los adolescentes y jóvenes les lleva a desafiar las reglas y los límites.

Es evidente para todos que existen cambios corporales visibles en los chicos y chicas cuando entran a la adolescencia y pubertad, y aunque estos cambios han sido anhelados por muchos de ellos, cuando estos realmente acontecen, incomodan, y sufren una vez más (como cuando eran bebés) cambios abruptos en su tamaño, dimensiones y fuerza. Esto los coloca frente al reto de manejar su nuevo cuerpo, con nuevas dimensiones, con nuevas

Lección 4 - El objeto de la conquista

fuerzas, aunque en los mismos espacios, circunstancias y relaciones, que ya eran conocidas. Muchas veces dejarán caer algo, lo que tienen a su alrededor por accidente, o se golpearán contra algo o alguien con más fuerza de lo que creyeron usar, así que debemos estar listos para hacerles sentir seguridad.

De la misma manera que cambia su cuerpo, su reloj biológico se está adaptando. Por esta razón tienen menos sueño por las noches, y requieren más horas de sueño y descanso durante el día; estas conductas, aunque suelen confundirse con simple ocio y pereza, es necesario que las comprendamos y atendamos, porque el hecho es que para un correcto desarrollo los jóvenes y adolescentes necesitan dormir más.

Por otro lado, su cerebro está en formación también. ¿Hemos investigado qué dice la neurología sobre el cerebro adolescente? Cuando hagamos esto, tendremos importantes respuestas sobre su conducta y el cambio fundamental de pensamiento concreto a pensamiento abstracto (comúnmente conocido como "soñar despierto").

¿Hemos notado la influencia de las emociones en la toma de decisiones en los jóvenes y adolescentes? Las nuevas generaciones son volubles en sus emociones y con una necesidad importante de búsqueda de riesgos. Ellos y ellas son cambiantes en sus emociones y, ya que estas determinan sus decisiones, es importante que prestemos especial atención al desarrollo y al manejo de las mismas. Los adolescentes están viviendo en medio de situaciones que les generan constantemente, sentimientos de fracaso, duelo y frustración.

Si deseamos conocer mejor a nuestro grupo meta juvenil, es sumamente urgente que nos formemos e informemos constantemente acerca del desarrollo evolutivo del adolescente.

El primer período de la pubertad o adolescencia comienza normalmente a los 10 años en las niñas y a los 11 en los niños y llega hasta los 14-15 años. La adolescencia media y tardía se extiende, hasta los 19 años. A la adolescencia le sigue la juventud plena, desde los 20 hasta los 24 años.

Conocer el contexto social

Ahora hablaremos sobre en la importancia de estudiar el contexto.

Cuando existe desconexión entre la iglesia y la sociedad, los ministerios que desarrollamos pierden relevancia en sus objetivos y su alcance, lo que resulta en una iglesia local incapaz de responder a las problemáticas sociales actuales en sus comunidades. La efectividad del ministerio juvenil que lideramos no depende de la aplicación de pasos o fórmulas mágicas, sino del conocimiento y respeto del contexto social en el que servimos.

Para conocer a un grupo meta es necesario estudiar el contexto social en el que se desarrolla el ministerio. ¿Conocemos qué tipos de familias existen en la congregación o ministerio del que somos parte? ¿Cuáles de las costumbres culturales debemos respetar? ¿Cómo es la cosmovisión predominante de la sociedad en la que servimos? ¿Qué momentos importantes están viviendo como nación y como iglesia en el marco de Latinoamérica? ¿Qué niveles socioeconómicos existen en la comunidad? ¿Qué principios y conductas son socialmente aceptados en la comunidad a la que servimos y pertenecemos?

¿Qué problemas presentes en el contexto afectan negativamente el desarrollo integral de los jóvenes en tu comunidad?

Responder a preguntas como estas nos ayudará a desarrollar un ministerio pertinente, centrado en el respeto por las diferencias. También nos permitirá desarrollar conciencia social y orientar los programas que desarrollemos hacia las necesidades reales del contexto.

Cuando el ministerio juvenil responde a las verdaderas necesidades de la sociedad, provee la plataforma óptima para transformar la vida de los jóvenes y adolescentes, la iglesia y la comunidad en general; esto también convierte a la iglesia en los brazos, manos y pies de Jesús, porque al conocer la realidad y la necesidad, la iglesia, a través del ministerio juvenil, puede dar respuesta a ellas.

Identificar las problemáticas reales de las nuevas generaciones

Aquí hablaremos de las fuentes para conocer los problemas de la juventud.

Para identificar las necesidades de la juventud será necesario investigar con todos los elementos posibles al alcance. Las fuentes escogidas deben ser confiables, aquellas que aporten información en cuanto a los índices de desarrollo humano, problemáticas y tendencias de las nuevas generaciones.

Cada año, por país en Latinoamérica, organismos internacionales como la Organización de las Naciones Unidas (ONU) a través del Fondo de las Naciones Unidas para la Infancia (UNICEF, por sus siglas en inglés) y la Comisión Económica para América Latina y el Caribe (CEPAL), entre otras, elabora investigaciones profundas que recogen datos importantes sobre la situación de vida, realidad, necesidades y oportunidades que las generaciones jóvenes poseen. Estos son estudios y análisis reales que estamos obligados a conocer todos aquellos que amamos y tenemos un llamado especial para trabajar con jóvenes. Todos estos informes son gratuitos y pueden descargarse en Internet, desde las páginas oficiales de estas instituciones que están al servicio de la comunidad internacional.

En muchos países hay Ministerios de Gobierno o instituciones gubernamentales que se ocupan del tema de la niñez y la juventud. Estos proveen datos estadísticos y otra información reciente sobre el estado de las juventudes.

Sin duda cuando se estudian estos datos y su análisis se puede comprender mejor a las nuevas generaciones y facilitará la formación del equipo ministerial con aquellos y aquellas que desean conocer, amar e impactar a la juventud.

Elaborar una estrategia pertinente

Para finalizar hablaremos sobre las encuestas locales.

Una vez estudiada la situación actual de la sociedad y de las nuevas generaciones en el contexto mas general, es el momento oportuno para llevar la investigación al nivel del contexto local.

Lección 4 - El objeto de la conquista

> *No son los grandes hombres los que transforman al mundo, sino los débiles y pequeños en las manos de un Dios grande.*
> *(James Hudson Taylor).*

¿Hay jóvenes que se aburren en las reuniones juveniles? ¿Cómo lo solucionarías?

La sociedad clama por una iglesia que ame, entienda y transforme a su comunidad, no una encerrada en cuatro paredes, o que se conforme en una subcultura más, sino una iglesia de puertas abiertas, para que otros vean y deseen vivir sus vidas desde la mejor perspectiva, ¡la de Dios!

El ministerio juvenil debe plantear iniciativas de investigación para conocer de forma profunda las necesidades de los jóvenes de la iglesia o ministerio, y así formular programas que estén bien enfocados, que puedan nutrir tanto a padres como a adolescentes y a la iglesia en general y lograr un acompañamiento correcto para las nuevas generaciones.

Para esta investigación será necesario contar con un equipo multidisciplinario que tambien involucre a tantos adultos como sea posible. Dios ha encomendado la guianza de las nuevas generaciones a todos los creyentes adultos, pertenezcan estos o no al ministerio juvenil (Tito 2:1-8); por esto existe una profunda necesidad en la iglesia de crear espacios informativos para que toda la congregación pueda ejercer este mandato; y esa debe ser una de las funciones más importantes del ministerio juvenil, preparar a la iglesia en general para cumplir el mandato de entender, amar, guiar, acompañar y enseñar a los más jóvenes.

Lo mejor es elaborar encuestas y estadísticas segmentadas, de forma periódica y continua; esta es la única forma en que nuestros programas transformen vidas, siendo relevantes a las verdaderas necesidades de los chicos y chicas que Dios nos ha encomendado.

Un hábito saludable para los líderes es tener una actitud de aprendiz frente a los jóvenes, escúcharlos siempre, mantenerse asertivo a sus comentarios y muy cerca de ellos. Es importante tambien ayudarles a conocer, entender y construir su propia relación con Dios. Es nuestra reponsabilidad hacer todo lo que tengamos a la mano, para que los más jóvenes crezcan como discípulos de Jesús.

Por último, será necesario que él o la líder utilice toda su creatividad y la valiosa información obtenida sobre el grupo meta, para planear la estrategia del ministerio con su equipo de trabajo. Será útil infórmarse sobre lo que otros ministerios están haciendo con resultados positivos (no para reproducir pues los contextos nunca serán iguales) pero si es posible analizar otras ideas, para elaborar una estrategia propia.

¿QUÉ APRENDIMOS?

La relevancia del ministerio juvenil se logra de acuerdo con la profundidad con la que conocemos al grupo meta al que servimos. Es urgente que nos auxiliemos constantemente de las investigaciones que realizan las ciencias sociales, a través de organismos internacionales, para acercarnos efectivamente a la sociedad y a la generación que el Señor nos ha llamado a amar, acompañar y discipular.

Actividades

INSTRUCCIONES:

1. Escriba una oración pidiendo a Dios que le permita ver a los jóvenes y adolescentes como Él los ve.
___
___
___

2. Consultando algunas páginas en internet, sobre índices de desarrollo humano en la juventud y adolescencia haga una lista de los principales problemas (indicadores) de la juventud en su país.
___
___
___

3. Comparta en grupos pequeños (3 o 4 integrantes) la lista realizada para completar y elaborar una lista del grupo.
___
___
___

4. Identifiquen como clase algunos adultos de su iglesia local que podrían ayudar a elaborar una investigación con la juventud local.

5. Como clase formulen algunas preguntas o datos que sería importante incluir para la investigación con los y las jóvenes de la iglesia local.
___
___
___
___
___

Notas

Lección 5

Equipándonos para la conquista

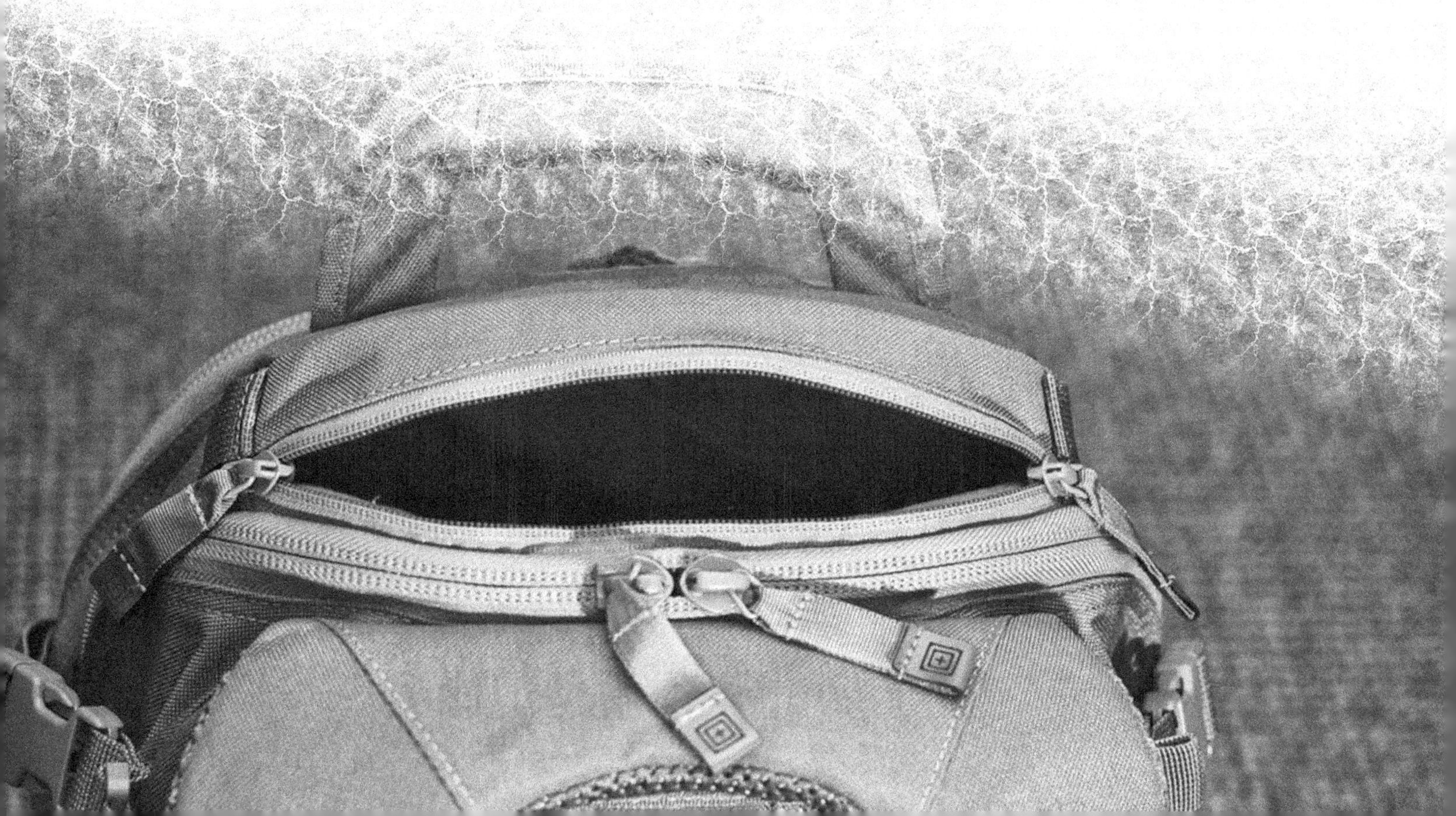

Objetivos
- Identificar el equipamiento de los conquistadores exitosos.
- Reconocer que es Dios quien pelea y gana las batallas.
- Recordar que la santidad es el reflejo de nuestra relación con Dios.

Ideas Principales
- Es necesario asegurarnos de que tenemos todo el equipamiento antes de salir a la conquista, porque en el camino es más difícil detenernos a comprar provisiones.
- Dios irá delante garantizando la victoria cuando su pueblo vive en santidad.
- El líder es el responsable de que su equipo tenga todo lo que necesita para la conquista.

Introducción

La Biblia nos relata una gran cantidad de viajes, batallas, planes, preparativos, etc., todos ellos tienen que ver con los planes de Dios para algún propósito, pero cada uno tuvo un tiempo de preparación, un tiempo de equipamiento. ¿Qué es equipar? Lo entendemos como proveer a alguien algo del equipo o conjunto de cosas necesarios para desarrollar una actividad o trabajo o para un uso determinado. ¿Hay algún tipo de equipamiento que ocupamos para nuestro ministerio? ¿Cuál es el objetivo de equiparnos? ¿Cómo ayuda esto en la conquista?

Sin duda alguna, cuando empezamos a caminar con el Señor estamos en una lucha constante, la Palabra de Dios menciona que nuestra lucha no es contra carne y sangre, sino que es algo más grande, es una lucha en el mundo espiritual. En Mateo 11:12 afirma que el reino de los cielos sufre violencia, y los violentos lo arrebatan… ¡Los violentos lo arrebatan! ¿Será por eso que la Biblia está llena de batallas? Pues en cada batalla que salían victoriosos (independientemente del tamaño del ejército) el propósito era demostrar ¡cuán poderoso es el Señor de los ejércitos!, en lugar de mostrar cuán poderosos eran sus ejércitos.

En la actualidad definitivamente ya no nos montamos en un caballo para recorrer grandes campos blandiendo una espada, pero seguimos siendo soldados de Dios. Debemos estar dispuestos a pelear siempre la buena batalla y estar preparados para la conquista de lo que Dios nos pida que alcancemos. Hemos sido elegidos para formar parte, integrar o liderar el ministerio juvenil, ¡ese es nuestro campo de batalla! Es para conquistar el propósito para el que Dios nos puso allí. Pero, para ganar una pelea, hace falta tener un buen equipamiento. Iremos analizando qué necesitamos; para esto estudiaremos un gran ejemplo bíblico en la historia de la conquista de Jericó.

> *Desde que Juan el Bautista comenzó a predicar hasta ahora, el reino de Dios avanza a pesar de sus enemigos. Sólo la gente valiente y decidida logra formar parte de él (Mateo 11:12 VLA).*

El propósito

Ahora vamos a estudiar a Israel conquistando Jericó.

Cuando hablamos de "conquistar", hablamos de ganar, es decir, obtener la posesión de algo o alguien, según sea el caso. En el capítulo 6 de Josué encontramos la historia y preparación de esta conquista, veamos...

Jericó estaba cerrada a causa de los hijos de Israel, nadie entraba ni salía: *"Pero el Señor le dijo a Josué: «¡He entregado en tus manos a Jericó, y a su rey con sus guerreros!"* (Josué 6:2). Y le dió una serie de instrucciones de lo que debía hacer, le pidió preparar a siete sacerdotes, siete bocinas de cuernos de carnero, el arca del pacto y todos los hombres de guerra disponibles. Le pidió, además, que por seis días rodearan una vez la ciudad en completo silencio, y al séptimo día dieran siete vueltas, y en la séptima hicieran sonar las bocinas de manera prolongada, y todos a una voz debían gritar, porque el Señor les habría entregado la ciudad.

Las instrucciones recibidas de Dios resultaron en una ceremonia única. El arca simbolizaba la presencia de Dios, las bocinas de cuernos de carnero se usaban para ir a la guerra, el grito a gran voz se usaba para la victoria en la guerra y para anunciar el traslado del arca.

¡Qué responsabilidad! Pensemos por un momento en lo que esto significaba. Quien escribe esta lección ha trabajado con grupos de niños, jóvenes e incluso adultos en algunas ocasiones dentro del ministerio y por experiencia sabe que lograr que cuarenta personas guarden silencio llega a representar a veces un reto. ¡Podemos imaginar la preparación de Josué y su ejército para este momento!

Jericó es la más antigua ciudad de Israel. Ha sido reconstruida muchas veces a lo largo de la historia. Estaba a 250 metros bajo el nivel del mar, tenía abundancia de agua y una temperatura cálida agradable por lo que muchos pueblos deseaban poseerla. En la conquista quedó en el territorio de la tribu de Benjamín (Josué 18:21).

Elementos del equipamiento

A continuación veremos algunos elementos necesarios para la vida ministerial.

Josué fué el sucesor de Moisés, desde el momento en que fué escogido para liderar la nación de Israel Dios le dió instrucciones bien específicas, en repetidas ocasiones le mandó: *"Sé fuerte y valiente, porque tú harás que este pueblo herede la tierra que les prometí a sus antepasados. Solo te pido que tengas mucho valor y firmeza para obedecer toda la ley que mi siervo Moisés te ordenó. No te apartes de ella para nada; solo así tendrás éxito dondequiera que vayas"* (Josué 1:6-7).

Pero hay mas instrucciones mas adelante: *"Nunca se apartará de tu boca este libro de la ley, sino que de día y de noche meditarás en él, para que guardes y hagas conforme a todo lo que en él está escrito; porque entonces harás prosperar tu camino, y todo te saldrá bien. Mira que te mando que te esfuerces*

¿En qué aspectos debía Josué prepararse para la conquista de la tierra prometida, según Josué 1: 6-9?

y seas valiente; no temas ni desmayes, porque Jehová tu Dios estará contigo en dondequiera que vayas." (Josué 1:8-9, RVR 1960).

Y ciertamente cuando leemos su historia podemos ver que las cosas iban de acuerdo con el plan de Dios, iban saliendo bien, lo que nos dice que Josué estaba siendo obediente a las instrucciones que Dios le había dado, estaba teniendo una relación cercana con Dios, por consiguiente estaba viviendo como Dios demandaba de él.

El plan de acción

En esta sección hablaremos de la santidad como primer elemento.

Si bien es cierto que generalmente el equipamiento se considera como algo material, sabemos que nuestros recursos son siempre en su mayoría espirituales, y esta es la parte que vamos a analizar. La primera instrucción que Josué obedeció fue escuchar la voz de Dios. De esta manera fue como Dios le dio instrucciones precisas sobre lo que debía hacer y preparar y él transmitió la voz al pueblo. No sabemos si Josué comprendía porque y para qué tenía que preparar todo aquello, pero él obedeció.

Cada instrucción dada por Dios tiene un propósito, el rodear la ciudad no era simplemente por dar una tarea al pueblo, sino para mostrar que aunque el líder del ejército era Josué, el capitán era el Señor. Las murallas que rodeaban cada día medían aproximadamente 2 metros de ancho, 6 metros de alto y unos 800 metros de largo, con torres de unos 10 metros de diámetro y 8 de altura, una ciudad imponente si consideramos la altura de un hombre promedio, 1.70 metros, aproximadamente.

Según algunos estudiosos de las Escrituras, el rodear la ciudad caminando era también una oportunidad que se le daba a los ciudadanos de rendirse y abrir las puertas antes de comenzar una batalla, por lo que podemos entender, que los israelitas estaban anunciando que iban a pelear por la conquista. Pero la preparación del pueblo para la conquista comenzó antes de ese día. Josué habló con el pueblo y les dijo: *"Santificaos, porque el Señor hará mañana maravillas entre vosotros"* (Josué 3:5, RVR 1960).

Josué había pasado por esta experiencia de la santificación, desde que había sido elegido como sucesor de Moisés, sabía que la instrucción de *"nunca se apartará de tu boca este libro de la ley"* iba más allá de leer un capítulo cada día. Vivir en santidad significaba para Josué poner en práctica lo que leía, así como mostrar y reflejar en su vida la santidad que provenía de la santidad misma de Dios. Josué sabía que de nada le serviría emprender mil batallas y proyectos, si no estaba viviendo en la misma sintonía con su Señor.

Escuchar la voz de Dios es bien importante en el ministerio, pero, al igual que Josué, debemos recordar que si queremos que Dios haga maravillas

Santidad es la esencia misma de Dios, quien es sin pecado. En el Antiguo Testamento se aplicaba a toda persona u objeto que se consagraba al servicio de Dios. En el Nuevo Testamento se aplicaba a Jesús y a los miembros de su iglesia. La santidad es un mandato de Dios para todos sus hijos e hijas a fin de que vivan lejos del pecado. (1 Tesalonicenses 4:3-7).

con nosotros, necesitamos vivir en constante santidad delante de nuestro Señor, los planes de Dios se escuchan y se comprender a la luz de su santidad.

El arca del pacto

En la siguiente sección analizaremos el significado del arca en la conquista de Jericó.

El énfasis en el siete (vueltas, días, bocinas, sacerdotes) que vemos en la historia de la conquista de Jericó coincide con la fiesta de los panes sin levadura que celebraba la victoria de Dios sobre los enemigos de su pueblo. En el séptimo día finalizaba la fiesta, y el siete representa el número de la perfección.

Josué tenía ya las instrucciones a seguir, ahora debía formar e informar al equipo con el que iría a la batalla. Reunió primero a los sacerdotes y les pidió prepararse para la salida. Habló después con el pueblo y les explicó lo que iba a acontecer en cada etapa, pero entre las especificaciones el Señor le pidió que al frente del ejército fuera el arca del pacto.

Si recordamos, este arca simbolizaba de tres maneras la presencia de Dios; primero, porque contenía las piedras con los diez mandamientos entregados a Moisés; en segundo lugar, una vez al año, en el día de la Expiación, el sumo sacerdote rociaba sangre sobre el propiciatorio (la cubierta del arca) conforme a los estatutos divinos para expiar los pecados del pueblo; tercero, era en el lugar santísimo, donde se guardaba el arca, donde el Señor se encontraba con Moisés y le hablaba, en cumplimiento a la promesa de estar siempre con él.

Como hemos visto el arca tenía un gran significado, llevarla al frente del ejército, daba confianza al ejército de que la presencia de Dios estaba con ellos, recordándoles que Jehová era su líder y por mandato de Él peleaban.

Como hemos mencionado anteriormente en Josué 3:5, la condición para que el Señor hiciera maravillas entre ellos, era que estuvieran santificados. Esta historia nos recuerda la importancia que tiene para Dios que sus hijos e hijas, sus siervos y siervas, los que ministran para Él vivan en santidad. El arca simbolizaba la presencia de Dios abriendo camino delante de ellos, no podía seguirle un pueblo lleno de pecados.

El arca era un cofre de madera de acacia recubierto con oro por dentro y por fuera. Tenía cuatro anillos donde se pasaban unos listones de madera para su transportación. Dentro del arca se guardaba un poco de maná (Éxodo 16:33-34), la vara de Aarón que reverdeció y las tablas con los diez mandamientos (Números 17:10). El arca, cargada por los sacerdotes siempre iba delante del pueblo cuando se trasladaban en el desierto y cuando acampaban se colocaba en medio del campamento como símbolo de la presencia de Dios (Números 14:44).

La armadura

Ahora estudiaremos la armadura necesaria para la batalla.

Cuando hubieron dado por seis días una vuelta respectivamente a la ciudad, había una tarea final a realizar para conquistar la ciudad. Era

Lección 5 - Equipándonos para la conquista

el día séptimo y estaban listos para marchar ahora siete veces, así que emprendieron el viaje, en silencio dieron siete vueltas y cuando sonaron los cuernos que previamente habían preparado, entonces a voz en cuello gritaron y las murallas de la ciudad empezaron a derrumbarse... ¡debió ser un espectáculo que erizara la piel!

Un grito de guerra, una ciudad destruida, y ningún arma se usó para derribar los muros, sino la voz de un pueblo guiado por un líder, bajo las instrucciones del Capitán principal, el Señor. Cumplido esto pudieron entonces tomar la ciudad de Jericó y alcanzar la meta de la conquista para lo cuál habían estado preparándose.

¿Qué armadura usaba el pueblo al ir a la batalla? La Escritura no describe la vestimenta como en otras ocasiones, como cuando Saúl le ofrece a David la coraza, el casco y la espada que terminó por rechazar (1 Samuel 17:38-39), pero sí habla de la preparación de los instrumentos y el entrenamiento para las acciones que debían realizar.

En Efesios 6:14-16 encontramos la descripción de la armadura: el cinturón de la verdad, la coraza de justicia, el calzado listo para predicar el evangelio, el escudo de la fe, el casco de la salvación, la espada del Espíritu y la oración constante. ¿Será que el pueblo de Israel llevaba todo esto en su armadura? ¡Seguro que sí!

La suma de todos los elementos de una armadura es lo que mantiene protegido a un soldado. De igual manera, la unión de cada uno de los elementos que describe Efesios 6 es lo que le da la seguridad al soldado de Dios de estar protegido contra cualquier cosa y asegura la victoria, como lo hizo con el pueblo de Israel.

Como parte de la planeación en nuestro ministerio se debe incluir un buen tiempo de preparación, de equipamiento. Los preparativos para la conquista no inician cuando se emprende el viaje hacia la meta, inician desde que el ejército recibe entrenamiento, y así estará listo cuando la batalla inicie.

> *¡Manténganse alerta! Que la verdad y la justicia de Dios los vistan y protejan como una armadura. Compartan la buena noticia de la paz; ¡estén siempre listos a anunciarla! Que su confianza en Dios los proteja como un escudo, y apaguen las flechas encendidas que arroja el diablo (Efesios 6:14-16 VLA).*

Los resultados finales

En esta sección analizaremos como está nuestro equipaje.

El escritor a los Hebreos 11:30 dijo: *"Por la fe cayeron las murallas de Jericó, después de haber marchado el pueblo siete días a su alrededor."* Jericó representa el sistema de valores del mundo. Se presentan estos valores ante nosotros fuertes, y temibles, pero no debemos olvidar que la conquista depende de la fe.

Dios es el dueño de todo y sabe cómo mover cada pieza. Curiosamente, las palabras del Señor son: *"Mira, yo he entregado en tu mano a Jericó y a su rey, con sus varones de guerra"* (Josué 6:2, RVR 1960). Todavía ni se peleaba la batalla, ni Josué había reunido al equipo que lo acompañaría y Dios estaba hablando como si el acontecimiento ya hubiera sucedido; el Señor no estaba pidiendo fuerza humana, estaba pidiendo que atendieran su voz, con unidad, obediencia, esfuerzo, confianza, y santidad. Si obedecían la victoria era suya desde que Dios les habló.

Dios pide lo mismo de nosotros, quiere que nuestra santidad sea permanente porque Él está listo para hacer maravillas entre nosotros. Para ello Dios necesita que nuestra armadura esté pulida y bien puesta, que tengamos fe, que vivamos en la verdad, que mostremos frutos de justicia, que prediquemos el evangelio, que estemos seguros de nuestra salvación, que seamos llenos completamente del Espíritu Santo y que nuestra comunicación con él sea constante en oración, que Él sea nuestro primero y último recurso sin importar la situación.

¿Cuáles de estos elementos hacen falta en nuestro equipamiento? ¿Estamos listos para que Dios haga maravillas entre nosotros?

¿Cómo le explicarías a un adolescente en qué consiste la vida de santidad?

¿Qué Aprendimos?

La vida de santidad es el requisito por excelencia para tener éxito en la conquista. No hay mejor armadura que la presencia de Dios mismo al frente de nosotros.

Lección 5 - Equipándonos para la conquista

Actividades

INSTRUCCIONES:

1. Lee Josué 6 y enlista los elementos que crees que fueron cruciales para lograr la conquista de Jericó.

_____
_____
_____

2. Haz una lista en las columnas abajo de "empacado" y "no empacado", lo que ya tienes y lo que te hace falta tener o perfeccionar. Anota las características o elementos que creas que son necesarios en tu vida espiritual para vivir en santidad delante de Dios y la gente y así llegar a ser un/a conquistador/a para el reino de Dios.

Empacado	No empacado

3. En parejas compartan sus listas de la actividad 2, luego oren los unos por los otros, para pedir perdón por lo que no han empacado todavía, y pedir a Dios que les de perseverancia y sabiduría para empacar lo que les falta.

4. Analiza tu ministerio, o el trabajo que estás realizando para el Señor, y toma nota de cómo debes incorporar cada uno de estos elementos para una conquista segura.

_____
_____
_____
_____

5. Participando toda la clase como un grupo identifiquen algunos aspectos de la vida de santidad que necesitan reforzarse entre los jóvenes de su iglesia. Luego tracen un plan para lograr el objetivo y así estar listos para cualquier batalla.

_____
_____

Lección 6

ESTRATEGIAS
PARA EL PLAN DE CONQUISTA

Objetivos
- Valorar la importancia de confeccionar estrategias retadoras pero alcanzables.
- Reconocer los riesgos de carecer de una adecuada estrategia.
- Diseñar una estrategia que involucre al grupo en general.

Ideas Principales
- El problema de improvisar en el grupo de jóvenes resulta en un desorden sin sentido cada semana.
- Si la gente altamente exitosa invierte tiempo en estrategias ¡cuánto más al trabajar con jóvenes!

> "El arte de la estrategia es de vital importancia para el país. Es el terreno de la vida y la muerte, el camino de la seguridad o la ruina" (Sun Tzu).

Usain Bolt, nació en Jamaica el 21 de Agosto de 1986. Ostenta once títulos mundiales y ocho olímpicos. Posee además los récords mundiales de los 100 y 200 m lisos, y la carrera de relevos 4×100 con el equipo jamaicano. Es uno de los siete atletas que en la historia han ganado títulos en las categorías juvenil, júnior y absoluta. Se le conoce como "Lightning Bolt", en inglés, "relámpago" (Wikipedia).

Introducción

"El arte de la estrategia es de vital importancia para el país. Es el terreno de la vida y la muerte, el camino de la seguridad o la ruina", así de claro fue uno de los más grandes estrategas de guerra que el mundo haya visto jamás (así es, ¡guerra!), Sun Tzu, general, filósofo y estratega militar, nacido hace más de 2500 años en la milenaria China.

Esta y otras ideas se encuentran en esta afamada y estudiada obra literaria llamada "El arte de la guerra", donde el general Tzu analiza a profundidad la vital importancia de desarrollar estrategias con un objetivo claro, dispuestas al éxito. Las estrategias fueron desarrolladas y depuradas por militares, sin embargo, usadas por todos.

¿Qué tan importante es tener una estrategia?

Veamos unos casos donde se usa la estrategia.

Imaginemos que llega el gran día en que el equipo de futbol del que formamos parte va a jugar el partido más importante de la temporada. Todos están deseosos de jugar y hacer un gran encuentro. El título de campeón está tan cerca que casi puedes tocarlo. Solo nos separan 90 minutos de la gloria. Todos los jugadores están a la expectativa de las palabras del técnico para la gran final. El técnico abre su boca y dice lo siguiente: "La verdad es que no sé absolutamente nada del equipo contrario. No tengo conocimiento de su manera de jugar, no conozco a sus jugadores y mucho menos a su técnico. ¡No tengo idea de nada! Salgan, improvisen y hagan su mejor esfuerzo."

¿Cuál sería nuestra reacción? ¿Incertidumbre, miedo, nerviosismo? ¡Es de imaginar! De parte del estratega no hubo tal estrategia. No hubo plan. La improvisación llegó con un sello de derrota.

Ahora imaginemos otro escenario, estamos en tu grupo de jóvenes, eres el presidente, sobre tus hombros está el peso de un legado de años, donde para bien o para mal otros han escrito una historia, y ahora tú estás escribiendo la tuya en el rol en que te encuentras. Trabajas duro, eres proactivo, servicial y una persona esforzada, pero sientes que los sacrificios no están dando los frutos esperados. Es como si un boxeador dijera: "Mis golpes no son contundentes. Golpeo y golpeo pero no logro derribarlo. Si no hago algo pronto seré vencido por mi oponente." ¿Nos hemos sentido identificados con esta historia?

Existe en la Biblia un ejemplo similar dado por Pablo a la iglesia en Corinto (de hecho, un ejemplo muy deportista): *"Así que yo no corro como quien no tiene meta; no lucho como quien da golpes al aire"* (1 Corintios 9:26). ¡Es claro! Para correr necesitamos una estrategia (podríamos preguntarle a Usain Bolt el hombre más rápido en toda la historia de la humanidad), para luchar necesitamos una estrategia (podríamos consultar a Oscar de la Hoya), para liderar un grupo de personas necesitamos una estrategia (podríamos preguntar a Lucas Leys). Si realmente deseamos impactar a una generación y dejar de dar golpes al aire, pues, por favor, ¡implementemos una estrategia!

Eficacia, eficiencia o efectividad

Analizaremos la efectividad de nuestra estrategia actual.

¡Vivimos en un mundo loco! Hoy se está viviendo una revolución social cual no se había visto en toda la historia de la humanidad. Las minorías oprimidas y juzgadas han sacado pecho, tomado aire y le han gritado al mundo para que los tomen en cuenta, para que puedan salir de esa oscura penumbra en la que se encontraban apenas décadas atrás.

Hoy existen movimientos sociales que luchan por los derechos humanos, movimientos por los derechos de los animales, por el vegetarianismo y el veganismo, por la accesibilidad para las personas con algunas discapacidades físicas, por la preservación del medioambiente, movimientos por la liberación femenina, ¡hasta incluso movimientos nazi de ultraderecha! Estos movimientos realmente están conquistando millones de adeptos (algunos más que otros). Lograron definir una estrategia tan dinámica, inclusiva y agresiva que capturó corazones. La mayoría de ellos, corazones jóvenes. Un segmento social que abarca adolescentes desde los 14 años hasta treintañeros –los cuales son la punta de lanza de estos movimientos.

Ellos, a su manera, han sido eficaces, eficientes y efectivos. ¿Conocen la diferencia en el significado de estas tres palabras? El filósofo administrativo y empresarial más famoso del siglo 20, el austriaco Peter Drucker lo define muy claramente de la siguiente manera:

- Eficacia es "hacer las cosas correctas".
- Eficiencia es "lograr hacer bien las cosas".
- Efectividad es "hacer bien las cosas correctas"; es decir, hacer las cosas de forma eficiente y eficaz.

Óscar de la Hoya, *nació en Los Ángeles, Estados Unidos el 4 de febrero de 1973, de padres mexicanos. Se destacó en su carrera como boxeador. Ganó la medalla de oro en Juegos Olímpicos de Barcelona 1992, lo que le valió el apodo de "Golden Boy" ('Chico de Oro', en español). Fue campeón en seis divisiones distintas y considerado uno de los mejores boxeadores de la historia (Wikipedia).*

Lucas Flavio Leys, *nació en Buenos Aires, Argentina, el 10 de febrero de 1972. Es predicador, escritor prolífico y se especializa en entrenar líderes juveniles en Hispanoamérica. Es uno de los líderes más influyentes en la literatura cristiana actual. Ha sido el Presidente de Editorial Vida y fundador de Especialidades Juveniles, el ministerio especializado en pastoral juvenil de mayor crecimiento en el mundo de habla hispana. Por el impacto de su ministerio ha sido honrado por diferentes gobiernos de América Latina (Wikipedia).*

La efectividad tiene que ver con qué cosas se hacen y con cómo se hacen esas cosas.

Casi sin lugar a dudas, los líderes y estrategas de estos movimientos sociales cumplen a cabalidad con lo expuesto en estas definiciones, en especial con la efectividad. Lo que han hecho y la manera en que lo han hecho les ha permitido lograr hazañas que apenas años atrás ni siquiera hubieran imaginado. Han dado en el blanco, y eso es digno de reconocer.

Eficacia es "hacer las cosas correctas".
Eficiencia es "lograr hacer bien las cosas".
Efectividad es "hacer bien las cosas correctas"; es decir, hacer las cosas de forma eficiente y eficaz.

Ahora bien, ¿qué pasa en nuestros grupos de jóvenes? El movimiento social llamado "juventud cristiana del siglo 21" ¿está siendo tan efectivo como estos otros? La dolorosa respuesta nos debe llevar a una seria reflexión: Definitivamente no, no estamos siendo tan buenos estrategas como ellos. Si nuestra estrategia es seguir habitando las cuatro paredes del templo, ajenos a la realidad dinámica que está allá afuera, hablando en otro idioma que los de afuera, definiendo temas poco interesantes para ellos, juzgando y rechazando a los que no piensan y creen lo mismo que nosotros, definitivamente, nuestra estrategia de conquista debe ser diferente, muy diferente.

El peligro de seguir andando por el mismo camino

Ahora hablaremos del peligro de no tener proyectos.

Existe un viejo refrán que dice así: "Quien no sabe para donde va, ya llegó." El autor del mismo es desconocido. Lo que no es desconocido es el resultado que puede esperar un líder o un grupo de personas que trabaja sin saber para donde se dirige. El resultado esperado es fracaso, es desilusión, es desmotivación. Es llegar todos los días al grupo de jóvenes y esperar que pasen grandes sin cosas sin haber desarrollado una estrategia clara que haga que ellas lleguen a suceder.

Quien no sabe para donde va, ya llegó.

Las estrategias se vuelven indispensables, porque los proyectos metódicamente preparados dejan de ser ideas dispersas y difusas, para convertirse en programas definidos y robustos. Si tu grupo de jóvenes vive el día a día, sin pensar en que va a suceder en el próximo mes (o lo que podría ser peor, la próxima semana), sin definir objetivos importantes que alcanzar, sin siquiera tener un plan, aunque sea básico, por ir por aquellos que están fuera, sinceramente (y agradeciendo a todos los lectores su comprensión por la cruda sinceridad que se va a exponer en este momento), ¡están perdiendo tiempo! Y peor aún, están haciendo perder el tiempo a los jóvenes que deberían estar liderando; y peor aún (aunque no lo crean y pueda ser reiterativo) sus acciones están permitiendo que siga habiendo jóvenes sin fe y esperanza en sus comunidades.

Un ejemplo histórico

Ahora veremos un ejemplo de estrategia que fracasó.

Corría el año de 1942, y un intratable y poderoso ejército alemán (llamado comúnmente como la "Wehrmacht", o "Fuerzas de defensa" en alemán) avanzaba sin obstáculos por el control de toda Europa, comandados por uno de los mejores y más hábiles estrategas de la época, el general Adolf Hitler.

A través de toda la Segunda Guerra Mundial, Hitler y su Alemania nazi habían conquistado vastas extensiones de Europa, había dejado indefensa a Inglaterra, a Francia y a otros países que en vano intentaron detenerlo. Sin embargo, él sabía que si quería conquistar toda Europa, debía conquistar a un país al que él denominaba "el gigante con pies de barro", esto es la Unión Soviética. Junto con sus generales y demás líderes desarrollaron un plan para conquistar el país, y como punto fuerte para dar definida la conquista, debían terminar por entrar y poseer lo que en ese entonces se conocía como Stalingrado.

Preparó una invasión multitudinaria con casi 3 millones de soldados en su frente de batalla. En oposición a él se encontraba un ejército soviético casi tan grande como el suyo (2.5 millones), sin embargo, Hitler y sus generales, no contaron con un factor que fue determinante para el destino de esta batalla: el crudo y frío invierno soviético. El ejército del eje nazi encontró en el frío su peor enemigo, un enemigo que los diezmó a través del hambre y enfermedades, mismas condiciones que no afectaron al ejército soviético que estaba acostumbrado a estas condiciones climáticas.

El principio del fin para Hitler y su descabellado plan de conquistar Europa se dio en Stalingrado. A pesar de haber pensado en un plan que parecía bueno, dejó de tomar en cuenta aspectos obvios que un estratega no debió pasar por alto. Su estrategia lo llevó a perder no solo una batalla, sino la guerra completa. Tres años después, Hitler se suicidó a causa de sus continuos fracasos, gracias a estrategias nulas o deficientes.

Parece claro, ¿no? Una buena estrategia es importante para cumplir cualquier misión. Sea un plan de un asesino despiadado como Hitler para conquistar Europa, o algo tan "sencillo" como conquistar una generación de jóvenes que tienen hambre (y no lo saben) por una esperanza viva, una esperanza llamada Jesús.

> La batalla de Stalingrado duró entre el 21 de agosto de 1942 y el 2 de febrero de 1943. Fue la batalla mas sangrienta de la historia dándole finalmente el triunfo a Rusia sobre los ejércitos de Hitler. Unos 2 millones de muertos dejó esta confrontación. En 1945 recibió la condecoración de "Ciudad heroica" del Reino Unido por su valiente resistencia ante el avance nazi. Actualmente su nombre es Volvogrado, haciendo referencia al río Volga (Wikipedia).

Muy bonito todo, pero ¿cómo se hace?

Ahora veremos cómo elaborar una estrategia.

Interesantemente, la definición de la palabra estrategia se enfoca en conceptos militares (no en vano en esta lección se han hecho referencias en

Lección 6 - Estrategias para el plan de conquista

ese campo), por eso mejor vamos a tomar la siguiente definición que es más afín a nuestra misión: "Serie de acciones muy meditadas, encaminadas hacia un fin determinado." Esa serie de acciones es lo que se denomina estrategia, sin embargo, lo más importante es definir hacia dónde se va. ¿Recuerdan la frase "Quien no sabe para dónde va, ya llegó"? Bueno, eso es lo primero que hay que definir: Hacia dónde vamos.

Analizando las necesidades actuales del grupo, las personas que lo componen, los talentos, habilidades, dones, el determinar las fortalezas y debilidades, todo eso va a permitir conocer el equipo, y basados en ese conocimiento, determinar un objetivo a perseguir en el que todos estén de acuerdo. Suena sencillo, pero es mas fácil decirlo que definirlo. Una vez definido este objetivo con todo el grupo, viene la parte de desarrollar un plan (o sea, una estrategia) que les lleve a conseguir el objetivo que se han planteado. Existe una serie de recomendaciones básicas las cuales son importantes y nunca debemos olvidar:

1. Todo se hace en equipo.

Al momento de definir la estrategia es recomendable que el equipo sea parte activa de este trabajo. No se debe menospreciar el aporte de cada uno de los miembros. Se debe permitir que puedan expresarse, por ejemplo, una lluvia de ideas, abierta y sin presiones. El ambiente de trabajo debe ser cómodo para todos. Incluso, no olvidemos incluir un refrigerio. Un estómago vacío no permite una correcta generación de ideas.

2. Enfocarse en las necesidades del grupo meta.

Existe un grupo meta al cual se desea alcanzar, y como tal, ellos lo expresen o no, están necesitados de algo. Ese 'algo' debe ser siempre una motivación para el equipo. La pasión para suplir esa necesidad es un combustible que no se debe agotar.

3. Mantener la vista en los objetivos.

No debemos olvidar los objetivos que planteamos en el grupo, éstos son importantes para ser conseguidos, y por lo tanto, es vital no apartar la vista de dichos objetivos al momento de planear la estrategia.

Hacia allá es adonde vamos

Aquí veremos que a veces menos es más.

Una estrategia debe ser completa para cumplir los objetivos, pero debemos asegurarnos de que el plan sea comprensible para todos los miembros. En el momento en que los miembros del equipo no comprendan el plan diseñado, y se piense que es enredado, difícil de llevar a cabo o extremadamente agotador, entonces es probable que los miembros del

Estrategia:
Serie de acciones muy meditadas, encaminadas hacia un fin determinado.

equipo no se sientan parte, sino una carga. El plan debe ser ambicioso, pero siempre con los pies en la tierra.

Aunque mucha gente lo cuestionó, Jesús fue un tremendo estratega. Desde niño sabía cuál era su misión, se preparó desde joven, y cuando supo que el momento justo había llegado, la estrategia ya la tenía clara para desarrollarla. Escogió doce discípulos en los cuales depositó su confianza, los entrenó durante tres años, les enseñó que hacer y que no hacer, lo hizo con palabras, pero también con lo más eficaz, a través de su ejemplo. Cuando llegó el momento, delegó en todos sus discípulos y discípulas, el destino de la naciente iglesia cristiana.

Su trabajo de estratega acabó ahí, pero sentó las bases de la fe que hoy se conoce prácticamente en todo el mundo, el cristianismo.

Si vamos a ser conquistadores valientes, debemos hacer de la estrategia una aliada, y no una carga. ¡El estratega por excelencia está con nosotros!

¿Qué Aprendimos?

Trazar una buena estrategia es imprescindible para tener éxito en la conquista. La estrategia debe diseñarse con la participación de todo el grupo de jóvenes y se requiere además de su compromiso para alcanzar los resultados esperados.

Lección 6 - Estrategias para el plan de conquista

Actividades

Tiempo 20'

INSTRUCCIONES:

1. Realizar como clase o en grupos un drama corto que haga referencia al riesgo de no tener una estrategia.

2. Como clase realicen un análisis FODA de la situación actual del grupo juvenil. Para ello completar el cuadro abajo.

Nuestras Fortalezas	Oportunidades	Nuestras Debilidades	Amenazas

3. Al finalizar la actividad 2 diseñen una estrategia breve que podría llevarse a cabo en el grupo de jóvenes.

_____
_____
_____
_____
_____
_____
_____
_____
_____

Lección 7

Nuevas estrategias

Objetivos

- Reconocer cuándo es necesaria una nueva estrategia.
- Identificar nuevas estrategias creativas.
- Implementar las estrategias apropiadas.

Ideas Principales

- No puedes sembrar papas y querer cosechar bananos.
- No es sabio hacer siempre lo mismo y esperar frutos nuevos.

Introducción

Ganar jóvenes para Cristo siempre ha sido un gran reto a las iglesias, pero mayor reto es poder mantener activos a aquellos que finalmente llegan. ¿Qué estarán buscando que no encuentran? Si lo que usamos en el pasado dejó de funcionar, entonces probemos nuevos métodos. ¡Seamos creativos! Identifiquemos la necesidad, leamos sobre lo que ha funcionado para otros grupos de jóvenes, pensemos en nuestro contexto y fabriquemos una estrategia propia.

¿Por qué será que en la iglesia nos cuesta tanto cambiar las estrategias?

Los objetivos no cambian, el mandato es el mismo, lo conocemos bien, la Gran Comisión (Mateo 28:18-20), pero tenemos la libertad de diseñar una estrategia propia. Nuestros jóvenes llegarán 'a buen puerto' si les mantenemos firmes hacia la meta, pero no debemos limitarnos, necesitamos hacer los cambios necesarios para revolucionar al mundo con el amor de Cristo Jesús.

Cuando lo que hago no da resultados

Vamos a ver ahora un ejemplo de la historia.

En aquel tiempo Carlos Wesley se preocupó porque los jóvenes no venían a la iglesia, así que se dio a la tarea de averiguar en dónde se estaban concentrando, cuál era el interés de la mayoría. Carlos se dio cuenta que la juventud disfrutaba llegar a las tabernas, pues su música era atractiva, posiblemente en la iglesia la música era menos interesante. Y bueno, aunque suene un poco raro, siendo Carlos un músico, se dio a la tarea de introducir la melodía de taberna en canciones que compuso para exaltar el nombre de Dios y se dice que esto revolucionó la manera en que la juventud de entonces percibía la iglesia. Tal fue la transformación que aun hoy mantenemos esas piezas, son muchos de los himnos que están en los himnarios de nuestras iglesias, melodías muy suaves y con ritmos poco atractivos hoy, pero que revolucionaron aquella época.

Carlos Wesley
(Gran Bretaña 1707-1788)
Uno de los más prolíficos compositores de himnos de la iglesia protestante, pastor y evangelista. Hermano de Juan Wesley y cofundador del movimiento metodista.

Hoy los himnos tristemente no causan mucha emoción en los jóvenes, es más, en muchas iglesias ya se han dejado de cantar y en otras más tradicionalistas los han mantenido pero han adaptado sus letras a ritmos más contemporáneos. De manera que aunque hayan funcionado muy bien a mediados del siglo 19, es lógico que sus melodías y letras no hacen el mismo impacto a la gente de hoy. Carlos Wesley ha sido muy representativo en la historia de la iglesia evangélica pero su estrategia ya no es tan efectiva a las nuevas generaciones.

En una ocasión pregunté a un grupo de líderes sobre su liturgia en la iglesia, casi a coro me plantearon lo mismo, sus cultos eran todos iguales y habían sido así por más de 20 años. Lo cierto es que, si lo que se viene haciendo por más de 20 años funciona, entonces todo está bien, pero regularmente no es así, estos líderes se quejaban del nulo crecimiento de sus grupos y de la salida de algunos que habían sido miembros por años. ¿Será que debemos renovarnos?

Cambia tu enfoque

Ahora vamos a ver cómo iniciar el cambio.

Antes de comenzar a cambiar las cosas es importante hacer un diagnóstico del grupo y el liderazgo. Para ellos tenemos que observar, escuchar, analizar las posibilidades, descubrir el problema o necesidad y luego entonces lanzarse a probar. Si lo que venimos haciendo por años no funciona, entonces es tiempo de un cambio. Tenemos que animarnos a descubrir sin miedo, a darnos la oportunidad de hacer cambios. Allá afuera hay muchas distracciones, por eso necesitaremos mantener a los jóvenes comprometidos con la meta, para que entonces juntos podamos conquistar a los de afuera.

¡Pero tomemos una lupa! Examinemos las nuevas tendencias, corrientes y movimientos que tienen envueltas a la juventud actual. Formulemos las preguntas correctas: ¿Qué los tiene cautivos? ¿Dónde están sus intereses? Será necesario mantenernos actualizados, adelantarnos a lo que vendrá y prepararnos para las nuevas generaciones. El ministerio no debe caer, mantengamos la conquista.

Para que el cambio sea favorable y se sostenga, primero debemos cambiar nosotros. Para ellos vamos a analizar nuestra propia filosofía de ministerio y renovar nuestros conceptos acerca de la juventud.

Cuando estamos enamorados (sí, de seguro lo hemos estado) procuramos conocer a esa persona, sus gustos e intereses, pero además, si el amor es profundo, sacrificaremos lo que sea por verle y no nos conformaremos con ese único día a la semana que pueden coincidir para verse; procuraremos estar al pendiente tan frecuente como sea posible en la semana, aunque sea a través de un chat. Cuando estamos enamorados se nos ve más arreglados, con una sonrisa más amplia y duradera, e interesantemente quisiéramos que todos los seres humanos estuvieran enamorados, así que no perdemos la oportunidad para hablar de esa persona y lo bien que la pasamos juntos.

Los himnos antiguos son un importante recuerdo de nuestra historia y tradición cristiana. Ellos nos recuerdan las creencias y la fe de nuestros antepasados en la fe. En muchas de las iglesias hoy suelen tocarse sólo en conmemoraciones y fiestas especiales. Recordemos que muchos hermanos mayores han crecido con estos himnos y son muy significativos para ellos. Por eso cuando tenemos miembros que los añoran es bueno incorporarlos en los cultos donde varias generaciones adoramos juntas.

Locura es hacer lo mismo una vez tras otra y esperar resultados diferentes. (Albert Einstein).

El amor definitivamente cambia las cosas. ¿Qué tal si nos enamoramos de nuestro grupo de jóvenes? ¿Qué tal si invertimos tiempo en ellos, más allá de aquel día de reunión? Así es cómo los chicos sabrán que realmente nos importan. Intentemos salir del molde, el ministerio de jóvenes es relacional, un día a la semana por dos horas no es suficiente. Necesitamos conocerlos, ir a dónde ellos y ellas están y tomar un café con ellos, ¡conquistarlos!

Se mantiene lo que funciona

En esta sección vamos a examinar algunas ideas.

En un mundo tan saturado de tecnología absorbente, es increíble pero cierto, los jóvenes aún mantienen interés en las relaciones, en tener amigos fuera de ese mundo virtual del cual son residentes. Veamos algunas ideas que han funcionado y podríamos tomar en cuenta para formular nuestra propia y nueva estrategia de alcance y conquista:

1) Orar por ellos y con ellos: Escoger cada día a un joven diferente para orar por su vida. Escribirle un mensaje y dejarle saber lo que estamos haciendo por él o ella durante ese día e invitarle a compartir con nosotros sus peticiones. Esto genera cercanía y demuestra el interés que tenemos en ellos.

2) Invitar de manera especial: Los líderes hombres pueden invitar a un joven y las damas a las mujeres de forma individual, para hacer alguna cosa diferente como tomar un café, ver una película, cocinar juntos, invitarle a la casa, etc. Por experiencia puedo decir que estos tiempos permiten desarrollar la confianza y la amistad.

3) Estar pendiente de sus momentos importantes: Enviar felicitaciones, asistir a los cumpleaños y graduaciones. Acompañarles en momentos de pérdida o dolor. Visitarles cuando están enfermos. Involucrarnos con sus familias, para lograr la confianza de sus padres y para que conozcan nuestro testimonio. Esta estrategia nos ayudará a conquistar a la familia del joven también.

La iglesia actual lo que necesita son más personas que se especialicen en cosas imposibles

4) Dinamizarse, hacer feo, loco y demás: Aunque seamos una persona seria tenemos que esforzarnos por participar con los jóvenes según sus preferencias. Si trabajamos con jóvenes, sin perder la cordura y el respeto, hay que hacer actividades divertidas con ellos y siempre estar alegres. No hay que ser tan rígidos, es mejor aflojarse un poco. Debemos ser líderes divertidos.

5) Planear reuniones interesantes: Debemos elegir temas creativos para las charlas o enseñanzas, aquellos que despierten la curiosidad e interés en los jóvenes. Algunos temas interesantes que hemos escuchado son: "No seas un submarino", "El tatuaje de Jesús", "Soy un Ferrari"... de seguro que solo leer estos títulos nos da curiosidad, de seguro ya queremos saber de qué se trata, lo mismo les pasará a los jóvenes.

6) Desarrollar un programa por edades: En muchos lugares los jóvenes adultos no llegan a las reuniones, pues los programas se enfocan más en los adolescentes y a ellos las actividades les aburren. Puede ocurrir también que los preadolescentes quieren llegar al programa de jóvenes y esto genera estrés por los temas que se quieren desarrollar. ¿Qué hacer entonces? Lo que ha funcionado es separar a los tres grupos y atenderlos bien de acuerdo con sus intereses y necesidades. Claro, para esto se necesitan más líderes y la preparación de diferentes programas, pero vale la pena, porque así cada uno de los grupos crece y se fortalece.

7) Aprovechar los medios: El ministerio de jóvenes no debe limitarse a un día por semana, los chicos pasan dificultades entre semana y necesitamos mantenernos en contacto. Procuremos estar cercanos y disponibles. Podemos llamarlos, enviarles un mensaje de texto o utilizar una red virtual para animarles y saber cómo van. Demostremos interés más allá del tiempo de reunión, preocupémonos por todas las áreas de su vida.

8) No ser reclamador: Cuando un joven no llega a la reunión no le llamemos con la típica pregunta: "¿por qué no llegaste?", o para regañarle: "es que casi ya no vienes". Lo mejor será llamarle de manera amable, decirle que le hemos extrañado, preguntar si está bien, si tiene alguna necesidad en la que le podamos apoyar. Una vez más, lo importante es mostrar interés sincero en ellos, en lugar de mostrar preocupación por la merma en la asistencia.

9) Generar en ellos y ellas sentido de pertenencia: Los jóvenes se quedarán cuando se sientan a gusto y cuando ellos se sientan cómodos, eso les dará la motivación para traer a sus amigos a las reuniones. Si ellos y ellas son conquistados también conquistarán a otros.

10) Cuidar de uno mismo: No debemos olvidar consagrarnos cada día, capacitarnos constantemente, estar siempre preparados para dar lo mejor a nuestros chicos, pues es parte de nuestro servicio al Señor, mantener una visión fresca y renovada. Es recomendable buscar un mentor o mentora, pues todos necesitamos apoyo. Procuremos siempre dar a conocer a Cristo con nuestro buen testimonio dentro y fuera del templo.

Mentor: Persona que aconseja o guía a otro, un maestro, un consejero.

Los jóvenes tienen ¡hambre!

Ahora vamos a reflexionar sobre qué atrae hoy a los jóvenes.

Por todos los medios que miremos, siempre hay algo nuevo, atrayente y diferente. Los jóvenes tienen hambre por lo nuevo, y el mundo lo sabe, así que cada día les provee para ser saciados. Como líderes ¿cómo competimos con eso? Ese es nuestro reto, debemos implementar nuevas estrategias, pero no solo nuevas, sino también apropiadas, recordemos que lo que funciona para un grupo no tiene por qué funcionar con otros. No caigamos en el error de tan sólo copiar una estrategia porque fue exitosa en otra iglesia.

Siempre hay una mejor estrategia de la que tienes, simplemente no la has pensado todavía (Brian Pitman).

Lección 7 - Nuevas estrategias

El "importar" o "clonar" estrategias ha llevado a muchos al fracaso, a divisiones y a pérdida de miembros. La estrategia debe ser propia del lugar, fresca y de fácil manejo. Podemos tomar elementos ajenos, pero recordemos siempre adaptar y contextualizar las ideas.

Observemos, leamos, analicemos, oremos y pidamos a Dios un nuevo plan de conquista. No tengamos miedo a innovar, pero mantengámonos atentos a evaluar constantemente el curso de la estrategia que estamos implementando para hacer los cambios necesarios en el camino.

Eso sí, no olvidemos el objetivo de todo el esfuerzo y a quién servimos. Toda nueva estrategia dará buenos frutos en la medida que oremos y pongamos toda nuestra confianza y dediquemos todo nuestro esfuerzo al Señor.

¿Qué Aprendimos?

Es importante evaluar lo que venimos haciendo en pro de la conquista y reconocer cuando es necesario una nueva estrategia. En un mundo en constante cambio, la juventud tiene sed de lo nuevo, tenemos el reto de descubrir nuevas estrategias, ser arriesgados, pensar en grande, ser creativos y formular un plan estratégico de acuerdo al contexto y las necesidades del lugar.

Actividades

Tiempo 20'

INSTRUCCIONES:

1. **Todos juntos como clase:** Hagan una lista en la pizarra de todas las actividades que han venido realizando durante el último año con los jóvenes. Evalúen cada una de ellas según el interés de los jóvenes en ellas y respondan ¿Cuál valdría la pena continuar realizando? ¿Cómo podemos variar la actividad para que no pierda su atractivo?

_____
_____
_____
_____

2. **Complete las columnas abajo:** Piense títulos creativos y atractivos para jóvenes a los siguientes pasajes de estudio y piense una actividad divertida que se pueda incluir en el programa.

Pasaje	Título Atractivo	Actividad divertida
Números 22:21-40		
Daniel 6:1-28		
Lucas 10:30-37		
Habacuc 2:18-19		
Génesis 41:37-46		

3. ¿Conoce usted alguna estrategia para atraer a los jóvenes de la comunidad, que están usando en otra iglesia con buenos resultados? Luego de responder comparta con la clase.

_____
_____
_____

4. **Trabajen juntos como clase y respondan:** Tomando algo de las ideas anteriores y otras originales, ¿qué nuevas estrategias podrían implementar el próximo año para su iglesia y contexto?

_____
_____
_____

Notas

Lección 8

MANTENIENDO RESULTADOS

Objetivos
- Definir el éxito ministerial según Jesús.
- Apasionarse en la formación de discípulos semejantes a Cristo.
- Involucrarse en el proceso de formar discípulos florecientes.

Ideas Principales
- El ministerio juvenil más que enfocarse en aumentar el número de asistentes, debe buscar la transformación de vidas.
- Estamos aquí para amar y ser amigos de los adolescentes para plantar semillas de amor.

Introducción

Es posible que hayamos escuchado la famosa frase que dice "lo importante no es llegar a la cima, sino mantenerse arriba". Bueno, aunque no proviene de la Palabra de Dios, sí contiene una enseñanza verdadera. Sucede en muchas ocasiones que somos capaces de lograr algo por lo que habíamos luchado, pero una vez que lo conseguimos no sabemos cuidarlo bien, y terminamos perdiéndolo.

¿Qué opinas sobre la visión e la JNI? ¿Es relevante para el tiempo que vivimos?

Esto puede ocurrir también en la iglesia. ¿Hemos visto últimamente los reportes anuales de la congregación a la que asistimos? Puede ser que estemos reportando varias personas como nuevos miembros de la iglesia, pero la membrecía en general no crece, y esto porque al mismo tiempo hubo muchos otros que dejaron de asistir. ¿Será que en nuestra iglesia tenemos abierta la puerta de adelante, pero es demasiado grande la puerta de atrás?

Sería un buen ejercicio trasladarnos mentalmente a diez años atrás: visualicemos el grupo de jóvenes de nuestra congregación… ¿cuántos eran?, ¿quiénes estaban?, ¿quiénes de los que estaban aún permanecen la iglesia, ya sea en la nuestra o en alguna otra?, ¿quiénes de ellos ya no están en la iglesia y viven hoy una vida alejada de Dios?, ¿qué pasó para que ellos se fueran?

Pensemos un poco al respecto, y veamos algunos puntos prácticos que pueden ayudarnos a que los jóvenes de nuestra congregación permanezcan unidos a Cristo, se comprometan a ser parte de la iglesia, de modo que podamos cumplir con lo que dice la visión de la JNI: *"guiar a los jóvenes hacia una relación con Cristo que perdure toda la vida…"*.

Un solo versículo de la Palabra de Dios tiene el poder para cambiar la vida de una persona para siempre. ¡Amigos líderes y pastores juveniles: no desperdiciemos una oportunidad para compartirla entre los jóvenes a quienes ministramos!

Desarrollo

En esta sección veremos 7 factores para que los jóvenes permanezcan en la iglesia.

En los diversos espacios de diálogo entre pastores y líderes de jóvenes, a través de la experiencia directa, y en construcciones de consensos con diversos grupos del Bachillerato en Pastoral Juvenil, se han encontrado siete factores que permiten que los jóvenes permanezcan en la iglesia. Aquí están:

1. La Palabra de Dios presente siempre.

Si bien el ministerio entre los jóvenes debe ser integral, debe tocar todas las áreas de la vida de los jóvenes, y debe proveer diversión sana, recreación, información sobre sexualidad, entre muchos otros temas. La Palabra de Dios debe estar presente siempre, ella es "viva y poderosa" (Hebreos 4:12), es capaz de "hacernos sabios" (2 Timoteo 3:15), y en ella "tenemos vida eterna" (Juan 5:39).

Líderes y pastores juveniles son los responsables de planear las actividades alrededor de la enseñanza de la Palabra, ya sea una excursión, una fogata, un sábado de piscina, un torneo deportivo, entre otro. La Palabra de Dios debe tener el lugar central en el ministerio, y no debe pasar desapercibida. No olvidemos que un solo versículo de la Palabra de Dios tiene el poder para cambiar una vida para siempre.

> *Cada palabra que Dios pronuncia tiene poder y tiene vida. La palabra de Dios es más cortante que una espada de dos filos, y penetra hasta lo más profundo de nuestro ser. Allí examina nuestros pensamientos y deseos, y deja en claro si son buenos o malos* (Hebreos 4:12 TLA).

2. Sentido de pertenencia.

La iglesia es una familia y como todas las familias no es perfecta. Todas las familias tienen problemas; aun así, las familias se mantienen unidas, cuidan de sus miembros, y cada miembro de ella sabe que es parte integral de la misma, esté cerca o lejos. La iglesia debería funcionar igual.

La mayoría de los jóvenes se quedan en una iglesia, no porque tenga un gran sistema de sonido, o una alfombra nueva, o porque el pastor predique muy bien. Se quedan porque se sienten bien recibidos, porque se les valora, porque tienen amigos, porque se sienten integrados como parte de la misma.

3. Crecimiento integral constante.

Una de las características de la iglesia en su pasado y presente es que tiende a espiritualizar todo y se olvida de que la salvación es un asunto tocante a todas las esferas de la vida. Parece que nos hemos olvidado que la salvación ofrecida por Jesús es integral. Por ejemplo, durante su ministerio, Jesús no solamente perdonaba pecados, sino que también proveía sanidad física (Lc. 5:23-25), luchaba por la justicia hacia los desprotegidos (Jn. 8:7) y se preocupaba por las necesidades básicas de las personas (Lc. 9:13). Tenemos también otros ejemplos en la historia de la iglesia. El pastor John Wesley desarrollo un ministerio integral, fue el precursor de las leyes que abolieron la esclavitud, escribió libros sobre medicina natural para los pobres. ¿Por qué, entonces, todavía algunas iglesias se preocupan solamente por ganar a las "almas" para Cristo?

> *¿En su opinión por qué todavía algunas iglesias se preocupan solamente por ganar a las "almas" para Cristo en lugar de predicar un evangelio integral, para todas las áreas de la vida?*

Muchos de los jóvenes se van de la iglesia y buscan espacios distintos, donde pueden hablar con libertad de todas sus necesidades. En lugar de sólo cantar y orar (y no es que esto esté mal) debemos ocuparnos en proveer a los jóvenes de nuestra comunidad un crecimiento en todas las áreas de la vida, bajo los principios bíblicos y bajo la dirección de Dios. Cuando lo hacemos así, nuestros jóvenes y adolescentes permanecerán en nuestra comunión.

> *En lugar de querer ver iglesias más grandes, debemos preocuparnos por ver cristianos más grandes* (Rich Mullins).

> **Grupo de Pacto Wesleyano:**
> *Eran grupos pequeños donde los hermanos y hermanas se reunían en la semana, fuera del templo, para aplicar el sermón del pastor, compartir sus luchas espirituales, apoyarse en sus necesidades y orar los unos por los otros.*

4. Mentoreo.

Crecer a la imagen de Cristo requiere cambiar ciertos hábitos ya arraigados y la ayuda de un mentor espiritual es invaluable para este proceso. Este debe ser un proceso intencional, planificado y muy bien dirigido por parte de los pastores y líderes juveniles. Muchos jóvenes, especialmente aquellos que ya pasaron la adolescencia, están buscando contenidos maduros, guías con experiencia y charlas serias sobre la toma de decisiones, sobre el futuro, la identidad, etc., y en muchas ocasiones no encuentran esto en la iglesia.

Es importante que los pastores y líderes juveniles tomen en serio esta necesidad, y que planifiquen tiempos para charlas significativas con los jóvenes de la iglesia de manera permanente. Puede ser a través de un encuentro personal, a través de grupos pequeños, o de espacios de rendición de cuentas con el modelo del Grupo de Pacto Wesleyano.

Un verdadero discipulado es mas que una serie de clases sobre quién es Dios, mas que un curso sobre la historia de la Iglesia del Nazareno. El verdadero discipulado se da en el acompañamiento espiritual cercano con un grupo pequeño. Ese es el modelo que nos dejó Jesús.

5. Amistades íntimas incondicionales.

Además de lo visto en los puntos 2 y 4, debemos resaltar la importancia que dan los jóvenes de ser parte de un grupo de amigos con quienes salimos a cenar y nos sentimos identificados. Además de un mentor con quien crecer en temas específicos, los jóvenes necesitan tener un amigo cercano con quien poder compartir sobre cualquier cosa, sobre asuntos serios o juegos, platicar por horas o simplemente estar callados, orar juntos o ver el juego de futbol, y eso es lo que muchos jóvenes buscan hoy en día y lo que les hace permanecer en un lugar.

Los pastores y líderes juveniles, necesitamos crear espacios para promover la amistad sincera entre los miembros de nuestra comunidad. ¡Imaginemos cómo sería nuestra congregación si todos los jóvenes pudieran saber que tienen amigos incondicionales en ella, donde todos estuvieran seguros de que hay una o dos personas dentro de la iglesia a quienes pueden llamar a las cuatro de la mañana, en cuya casa pueden quedarse a dormir y cuya comida pueden terminar sin problema! Sin duda crearíamos un mejor ambiente para que los jóvenes quieran permanecer.

6. Relación Padres-Hijos.

El apoyo de los padres de los adolescentes es uno de los mejores recursos que se puede tener en el ministerio juvenil; si bien este no puede tenerse en todos los casos, sí hay muchas familias en que los padres son cristianos y están preocupados por el bienestar integral de sus hijos. ¿Cuántos testimonios hemos escuchado de jóvenes que dan gracias a Dios por lo que sus padres hicieron con ellos en tiempos en que estaban lejos de Dios?

Quizás no lo entendían en esos momentos, pero hoy, con una perspectiva distinta, agradecen lo que sus padres hicieron con ellos. El caso es que no todos los padres, aun cuando asisten a la iglesia, tienen este compromiso, por lo que la asociación entre líderes o pastores juveniles con los padres de adolescentes debe ser creciente, dinámica y permanente.

Algo que puede hacerse de forma permanente es tener reuniones mensuales o bimestrales con los padres de los adolescentes, para informarles del ministerio que se ejerce con ellos, darles a conocer las actividades siguientes y pedir su apoyo en oración y asistencia. Esto permitirá que muchos adolescentes que han venido a nuestra comunidad juvenil, permanezcan en ella.

7. Amor a Dios/Una relación cercana con Él.

Este, aunque aparece en último lugar, es quizá el más importante de los factores que permitirán que los jóvenes permanezcan en la fe, y se mantengan firmes siempre en Jesucristo. Y, aunque pareciera obvio, no siempre es así. Puede ser que muchos muchachos sean parte de nuestra comunidad por todas las razones anteriores: tienen amigos, se sienten aceptados, etc., pero en realidad no han tenido un encuentro personal íntimo con Jesucristo, y no le han reconocido como su Salvador y Señor.

Jesús no sólo nos juzgará por lo que hicimos, sino también por lo que pudimos haber hecho y no hicimos (George Otis Jr.).

Esto puede suceder, sobre todo, con aquellos jóvenes que vienen de familias cristianas. Félix Ortiz, en su libro "Raíces", nos recuerda que muchos líderes y pastores de jóvenes suponen que un joven es cristiano porque su familia lo es, porque sus padres son líderes en la congregación, porque toda su familia ha estado en la iglesia por años, sin embargo, dice Ortiz, eso no garantiza nada, la mayoría de estos jóvenes tienen una "fe cultural", es decir, están acostumbrados a orar por los alimentos, saben textos bíblicos y tienen cultura religiosa, porque es a lo que han estado acostumbrados siempre, pero de eso a realmente haber tenido un encuentro genuino con Jesucristo hay mucha diferencia.

La mayoría de los jóvenes de familias cristianas tienen una "fe cultural", es decir, están acostumbrados a orar por los alimentos, saben textos bíblicos y tienen cultura religiosa, porque es a lo que han estado acostumbrados siempre, pero de eso a realmente haber tenido un encuentro genuino con Jesucristo hay mucha diferencia (Félix Ortiz).

Los pastores y líderes debemos asegurarnos de que nuestros jóvenes y adolescentes realmente conocen a Dios, de que han tenido un encuentro con Jesucristo, ya que esta es la razón más poderosa que los hará permanecer unidos a la comunidad, esto es lo que nos permitirá mantener nuestros resultados.

¿QUÉ APRENDIMOS?

Dios quiere que la vida de los jóvenes a quienes ministramos crezca y florezca. Para ello tenemos que aprender a trabajar de manera constante para mantener aquello que hemos conquistado.

Lección 8 - Manteniendo resultados

Actividades

Tiempo 20'

INSTRUCCIONES:

1. Como clase hagan una evaluación de su congregación local sobre los siete factores que facilitan que los jóvenes permanezcan en la iglesia, ¿En qué áreas están más fuertes y cuáles necesitan reforzar más?

Factor	Nulo / Bajo	Mediano / Necesita fortalecerse	Fuerte
1. La Palabra de Dios presente siempre			
2. Sentido de pertenencia			
3. Crecimiento integral constante			
4. Mentoreo			
5. Amistades íntimas incondicionales			
6. Relación Padres-Hijos			
7. Amor a Dios/Una relación cercana con Él			

2. Desarrollen un plan para fortalecer las áreas débiles. Comiencen revisando el plan de actividades que ya tienen. ¿Qué tipo de actividades deberían incorporar en el plan anual? ¿Cuáles habría que desechar o cambiar? ¿Cuál sería el propósito de cada una de ellas?

_____
_____
_____
_____
_____
_____
_____
_____

Evaluación Final

CURSO: DESAFÍO A LA CONQUISTA

Nombre del alumno/a: _____
Iglesia o centro donde estudia: _____
Distrito: _____
Profesor/a del curso: _____
Fecha de esta evaluación: _____

1. Mencione algunas característcas de las nuevas generaciones que estamos llamados y llamadas a conquistar.

_____
_____
_____
_____
_____

2. ¿Cuál es el equipo básico y fundamental que necesitan los líderes juveniles para la conquista?

_____
_____
_____
_____
_____

3. Mencione alguna idea/ estrategia para alcanzar a los jóvenes que aprendió en este curso.

_____
_____
_____
_____

4. ¿Qué aprendió en la practica ministerial del curso?

_____
_____
_____
_____

5. En su opinión ¿Cómo se podría mejorar este curso?

_____
_____
_____
_____

Bibliografía

Libros:

Craig, W. *La batalla por Stalingrado*. España. Planeta, S.A., 2004.

Drucker, P. *The effective executive*. Nashville: Harper Collins, 1993.

Dobson, J. *Atrévete a disciplinar*. EE.UU.: Vida. (2ª edición), 1993.

_____ *Preparémonos para la adolescencia*. EE.UU.: Grupo Nelson, 2005.

Evans, Paul. *Ideas, estrategias y técnicas para activar tu ministerio juvenil*. Argentina: Dinámica, 2004.

Hamilton, J. D. *El ministerio del pastor consejero*. Kansas City: CNP, 1975.

Harris, T. A. *Yo estoy bien, tú estás bien*. España: Grijalbo, 1996.

Hill, Napoleón. *Las llaves del éxito*. Madrid, EDAF, 2013.

Holman. *Biblia de Estudio Holman*. RVR 1960. (TTB - Thru the Bible, RTM - Radio Transmundial, EEA - Evangelismo en Acción). Holman Bible Publishers, 2001-2016.

Iglesia del Nazareno. *Esenciales nazarenos*. Consultado 13 de febrero de 2018 de: http://nazarene.org/es/essentials

Iglesia del Nazareno. *Manual/2013-2017, Iglesia del Nazareno*, Lenexa, USA: CNP, 2013.

Maxwell, John C. *El talento nunca es suficiente*, EE.UU. Thomas Nelson, 2007

McDowell, J. *Manual para consejeros de jóvenes*. Colombia: Mundo Hispano, 2006.

Ortiz, F. *Raíces: pastoral juvenil en profundidad*. EE.UU.: Vida, 2009.

Roca, J. *El arte de la guerra hoy*. España: Conecta, 2013.

Stanley, Andy y Jones, Lane. *Communicating for a change*. EE.UU. Crown Publishing Group, 2006.

Strong, J. *Diccionario Strong de Palabras Originales del Antiguo y Nuevo Testamento*. Nashville, Caribe, 2002.

Vargas, R. *Hacia una pastoral juvenil*. Barcelona, España: CLIE, 2000.

Truesdale, A. *Asunto de vida o muerte: la bioética y el cristianismo*. Kansas, City: CNP, 1993.

Webb, Keith E. *El modelo coach para líderes cristianos*. Nashville: Vida 2014.

Páginas web:

Asarbai, Gemma (2012). *Efebofobia o Efebifobia*. Consultado el 2 de junio de 2014 de: http://www.apoyopsicologico.es/ver.php?id=136

Barcelon, Brinda (2010). *The life of the Generation Z*. Consultado 10 de junio de 2014 de: http://teenlife.blogs.pressdemocrat.com/10220/the-life-of-generation-z/?tc=ar

Bibliatodo Diccionario. *Descristianización - Hispano-Americano de la Misión*. Consultado 15 de diciembre de 2017 de: https://www.bibliatodo.com/Diccionario-biblico/descristianizacion

Centro de información de la Naciones Unidas CINU. *La juventud y las Naciones*. Consultado 5 de junio de 2014 de: http://www.cinu.mx/minisitio/UNjuventud/preguntas_frecuentes/

Definición de. Sinergia. Consultado 18 de diciembre de 2017 de: https://definicion.de/sinergia/
Diccionario Internacional.com. *Reenfoque*. Consultado 17 de febrero de 2016 de: http://diccionario-internacional.com/definitions/?spanish_word=refocus

Diccionario de la lengua Española en línea. *Escepticismo*. Vigesimotercera edición. Octubre 2014. Real Academia Española. Consultado 14 de diciembre de 2017 de: http://dle.rae.es/?id=GDlmBBp

Espinoza, Yelitza. *Pensamineto Concreto y pensamiento abstracto*. (23 de octubre de 2013). Consultado 2 de febrero de 2018 de: https://prezi.com/7ufk-rsisxqd/pensamiento-concreto-y-pensamiento-abstracto/

Frases citas y refranes. *Frases de estrategia*. Consultado 12 de febrero de 2018 de: https://www.euroresidentes.com/entretenimiento/frases-citas-imagenes/frases-de-estrategia

Josué Barrios.com. *Frases*. Consultado 2 de febrero de 2018 de: http://josuebarrios.com/frases-cristianas/

Leys, Lucas (2005). *7 ideas para el ministerio juvenil*. Consultado el día 23 de mayo de 20016 de: http://www.sigueme.net/jovenes/40-ideas-para-el-ministerio-juvenil-lucas-leys/

Ministerio TPN (2012). *Ideas para el ministerio juvenil*. Consultado el día 23 de mayo 2016 de: http://ministeriotpn.com/ws/wp-content/uploads/2012/08/IDEAS-PARA-EL-MINISTERIO-JUVENIL.pdf

Morato, Francisco. *100 frases cristianas*. (Febrero 17, 2017). Consultado 2 de febrero de 2018 de: http://www.evangeliooevangelico.com/2017/02/17/100-frases-cristianas-que-te-haran-meditar/

Redes Juveniles (2013). *Ideas y estrategias para trabajar con jóvenes*. Consultado el día 23 de mayo 2016 de: https://redesjuveniles.wordpress.com/2013/09/17/ideas-y-estrategias-para-trabajar-con-jovenes/

Rodríguez de Paz, Alicia; López, Celeste. *Las redes sociales hacen perder el pudor*. (09/07/2011). Revista en línea LaVanguardia/Tecnología. Catalunya, España. Consultado 14 de diciembre de 2017 de: http://www.lavanguardia.com/tecnologia/20110709/54183271120/las-redes-sociales-hacen-perder-el-pudor.html

Salcedo, Gabriel. *Adolescentes: el mundo desconocido que debemos conocer*. Consultado el 10 de junio de 2014 de: http://www.especialidadesjuveniles.com/recursos_articulo.asp?id=483

Sitio oficial *UNICEF*: http://www.unicef.org/spanish/

Sitio oficial *CEPAL*: http://www.cepal.org/es

Sitio oficial *Optima Infinito*: http://www.optimainfinito.com

TribeScale 2017. *25 frases de liderazgo empresarial para mejorar como líder*. Consultado 18 de diciembre de 2017 de: https://tribescale.com/es/blog/25-frases-de-liderazgo-empresarial/

www.ingramcontent.com/pod-product-compliance
Lightning Source LLC
Chambersburg PA
CBHW080941040426
42444CB00015B/3402